新唐書

宋 歐陽修 宋祁 撰

第一〇册

卷七三下至卷七四下（表）

中華書局

唐書卷七十三下

表第十三下

宰相世系三下

上官氏出自羋姓。楚王子蘭爲上官大夫，以族爲氏。漢徙大姓以實關中，上官氏徙隴西上邽。漢有右將軍安陽侯桀，生安，車騎將軍、桑樂侯，以反伏誅。遺腹子期，裔孫勝，蜀太尉。二子：曰茂、曰先。先徙東郡，後徙陜郡。五世孫回。至弘爲江都總監，又徙揚州。

回，後周襄城太守。		弘，隋比部郎中、江都總監。	儀字游韶，相高宗。	庭芝，周王府屬，天水郡公。						

庭瑋，太子僕。		
經野，德州刺史。	經國。	經緯。
		詔，侍御史。

上官氏宰相一人。儀。

樂氏出自子姓。宋戴公生公子衎，字樂父，生傾父澤，澤生夷父須，子孫以王父字爲氏。須生大司寇樂呂，呂孫喜，喜生司城子罕。裔孫樂羊，爲魏文侯將，封於靈壽，其後子孫因家焉。裔孫毅，趙封望諸君。毅孫臣叔，漢封華成君，子孫自趙徙長陵。裔孫親，後漢本縣吏。生恢字伯奇，尚書僕射。生羽林監乾，徙南陽淯陽。孫仁，爲武陵太守。生清河太守平。平生散騎常侍方。生廣，字彥輔，晉尚書令、信陵公。裔孫恂。

恂，梁西揚州刺史。	亮，後周固道郡守。	宗，青城令。	彥瑋字德珪，相高宗。	思順，白水令。
				思晦，相武后。

樂氏宰相二人。彥瑋、思晦。

孫氏出自姬姓。衞康叔八世孫武公和生公子惠孫，惠孫生耳，爲衞上卿，食采於戚，生武仲乙，以王父字爲氏。乙生昭子炎，炎生莊子紇，紇生宣子鰌，鰌生桓子良夫，良夫生文子林父，林父生嘉，世居汲郡。晉有孫登，卽其裔也。又有出自芈姓。楚蚡冒生王子蔿章，字無鉤，生蔿叔伯呂臣，孫蔿賈伯嬴生蔿艾獵，卽令尹叔敖，亦爲孫氏。又有出自嬀姓。齊田完字敬仲，四世孫桓子無宇，無宇二子：恆、書。書字子占，齊大夫，伐莒有功，景公賜姓孫氏，食采於樂安。生憑，字起宗，齊卿。憑生武，字長卿，以田、鮑四族謀爲亂，奔吳，爲將軍。三子：馳、明、敵。明食采於富春，自是世爲富春人。明生臏，臏生勝，字國輔，秦將。勝生蓋，字光道，漢中守。生知，字萬方，封武信君。知生念，字甚然，二子：豐、益。益字玄器，生卿，字伯高，漢侍中。生憑，字景純，將軍。二子：居、詢。詢字會宗，安定太守。二子：鸞、騏。鸞生爰居，爰居生福，爲太原太守，遇赤眉之難，遂居太原中都。太原之族有嵐州刺史昉，生存進，安定太守。詢次子騏，字士龍，安邑令。二子：通、夐。通子孫世居清河，後魏有清河太守靈懷。武德中，子孫因官徙汝州郟城。靈懷曾孫茂道。

茂道，初名侹，延州刺史、富春男。處約，字歷道，相高宗。	
	侑。
	俊，荆府長史、樂安子。
	儆，濟州刺史。

佺，幽州都督、會稽公。

安邑令騏少子貟，字子遠，後漢天水太守，徙居青州。生厚，字重殷，大將軍掾。生瑤，字良玉，中郎將。生邃，字伯淵，清河太守。生儵，字士彥，洛陽令。生國，字明元，尚書郎。生躭，字玄志，漢陽太守。二子：鍾、旃。鍾，吳先主權卽其裔也。旃字子之，太原太守。二子：炎、歷。炎字叔然，魏祕書監。生佞，字仲瓠，太官令。生道恭，字雅遜，晉長秋卿。二子：顗、芳。顗字士若。芳，中書令。子烈，避趙王倫之難，徙居昌黎。生岳，前燕侍中，子孫稱昌黎孫氏，歷幽州刺史、右將軍。生旂，字伯旗，平南將軍，坐與孫秀合謀，夷三族。顗避地河朔，居武邑武遂。生輝，字光休，後趙射聲校尉。生緯，字元文，幽州都督。生周，字季治，後燕高陽王文學。生敬仁，字士和，北燕司隸功曹。二子：苑、蔚。蔚字伯華，一字叔炳，後魏祕書監、棗彊戴男。二子：伯禮、方嗣。

伯禮，後魏巴州刺史，襄棗彊男。

元琥，北齊文宣帝相國騎曹。

靈暉，北齊治中、大將軍司馬。

萬安，隋徐、兗、婺三州刺史。

彥昉，滑州長史。

矩，滑州長史。

行成，左翊衞。

迆，樂陵主簿。

			基貞，九巖道門令。			藻，儒林丞。		彥皎，和州刺史。
			何。	儆。	休。	昱，烏江令。		
		承家。				僎。	舍利。	
逌。	逸。							

			孝敏，隋晉陽令。	
			仲將，壽張丞。	
			希莊，韓王典籤。	萬壽，大理司直。
			嘉之，宋州司馬。	
			遜，刑部侍郎、右庶子，謚曰文。	
			宿，華州刺史。	
			公器，邕府經略、兼御史中丞。	
	簡，東都留守、太子太保。	正，河中少尹。	華清，太原尉。	
繹，本名景章，永州刺史。	景蒙，左贊善大夫。	詢，郃陽尉。	儒郎。	
			小盛。	

讜，蓬州刺史。	景裕，孟州司馬。	紓，工部員外郎。	徽，常州刺史。	緑字子韋，河中支使。	繼。

範，監察御史。				
涗。	觀，清河令。	緯字中隱，歙州刺史、吏部侍郎。	蚪，侍御史。	鑄，許州法曹參軍。

					獻可，大理司直。
			婺。	晏，初名節。	
玩，蓬州刺史。	縉字純化，睦州軍事判官。	緒，平陽令。			
小遠。	小胤。				

絳，右補闕。	成字思退，桂州刺史、中丞、樂安孝男。		
	惟肖，監察御史。		保衡，鄂州節度判官、檢校司封郎中。
	匡辟，白水主簿。	匡方。	
		粲字文威，中書舍人。	

徵仲，泗州刺史。	庶立，滎澤尉。	
審象，汝州司馬。	履度，南陵尉。	
	方紹，登州刺史。	
	篔。	諫。
	尚復，德清令。	
	贇。	
	倜，江都尉。	

	适，左羽林兵曹參軍。			
覗，太常寺太祝、協律郎。	會，常州刺史、晉安縣男。			
替否，鼓城令。	公紹。			公乂，睦州刺史。
	嶠。	璉。	鐐，宜城尉。	頊，右庶子、京兆少尹。

轂字子相，河南尹。	瑍。	碧，汀州刺史。	瑝字子澤，鳳翔少尹。	
			揆字聖圭，刑部侍郎。	拙字幾玄，中書舍人。

公冑，海鹽尉。	士棨，長洲令。				
晜，袁州錄事參軍。	嗣宗，於潛尉。	嗣初，崑山令。	奭字化南，度支職方郎中。		堯，夔州刺史。
			方老。	朝陽。	

邁，亳州長史。						
公彥，睦州長史。		客卿，盱眙令。	公輔，陸澤丞。			起，白馬令。
璝。	璩，於潛尉。		復禮，貝州刺史。	由禮。	元宗。	非熊，黃梅尉。
			大名。		守崇，鳳翔少尹。	

景商，天平節度使、檢校禮部尚書，謚曰康。

備字禮用，直弘文館、藍田尉。

儲字文府，京兆尹、樂安郡侯。

滉，檢校員外郎。

洽字道弘，祕書省校書郎。

伾，興元少尹。	儉字德府，昭義判官、檢校工部員外郎。	偓字龍光，相昭宗。	伉，春秋博士。
		溥字熙化。	

		造，詹事司直。		
		賈，右內率府騎曹參軍。		嬰，藍田尉。
	清，太原少尹。	鶱。		圓。
佾，字文節，集賢院直學士、司勳郎中。			滔。	道師。

					方嗣，後魏建威將軍。		
	廣烈，汧陽丞。				仲瑜，隋吏部侍郎。		
	嘉猷。	希業，永陽令。			敬文，石邑令。	孝哲，會稽令。	
		徽之。	翹。	啓。	弘立，睦州司功參軍。	弘文，飛狐令。	
						璧，上柱國。	
						章，霍山尉。	
						子盛，洹水令。	子榮。
德師。							

子詔，中郎將。		子鑠，鹿邑令。
諫，右武衛兵曹參軍。	晅。	辰。

孫氏宰相二人。清河有茂道。武邑有偓。

姜姓本炎帝，生於姜水，因以爲姓。其後子孫變易他姓。堯遭洪水，共工之從孫佐禹治水，爲四嶽之官，以其主四嶽之祭，尊之，故稱曰「大嶽」，命爲侯伯，復賜以祖姓曰姜，以紹炎帝之後。裔孫太公望封齊，爲田和所滅，子孫分散。漢初，姜氏以關東大族徙關中，遂居天水。蜀大將軍平襄侯維，裔孫明，世居上邽。

明，後魏兗州刺史、天水郡公。			
遠，後周荆秦二州刺史、朝邑縣公。			
寶誼，左武衞大將軍、永安剛公。			
恪，相高宗。	協字壽，夏州都督、成紀威公。		
	亭。		
知友。		昂，司勳郎中。	
		還，虔州刺史、將作少監。	
		鷺字昇之。	鸝字用之。

九眞姜氏，本出天水。

神翊，舒州刺史。	挺。	公輔，相德宗。									
		復，比部郎中。									

姜氏宰相二人。恪、公輔。

陸氏出自嬀姓。田完裔孫齊宣王少子通，字季達，封於平原般縣陸鄉，卽陸終故地，因以氏焉。通謚曰元侯，生恭侯發，爲齊上大夫。發二子：萬、臯。臯生邕，邕生漢太中大夫賈。萬生烈，字伯元，吳令、豫章都尉，旣卒，吳人思之，迎其喪，葬于胥屏亭，子孫遂爲吳郡吳縣人。二子：衡、盱。盱字子光，襄賁令。生鴻，字叔鸞，本州從事。鴻生建，字公榮，渤海太守。建生曄，字奉光，本州從事。生恭，字彥祖，御史中丞、京兆尹。恭生璜，字公伯。璜生文，字孝平，弘農都尉。文生親，字公道，成都令。親生衆，字世業，舉秀才，除郎中。生賜，字思祖，丞相府主簿。生閎，字子春，潁川太守、尙書令。三子：卬、温、桓，號潁川枝。桓字叔文，生續，字知初，揚州別駕。三子：稠、逢、褒，號荆州枝。稠，荆州刺史。二子：肅、謙。肅，丹徒令，號丹徒枝。十世孫鎮之。

鎮之，梁給事中。	瑨。	雍，陳豫章王諮議。	元朗字德明，秦王府學士。	敬義，蓬州刺史。	宣愆。						
					遵楷，祕書郎。						
				敦信，相高宗。	郢客。	大鯤，慶州都督。					
					邠卿。	大訓。					
						大盈。					

	越賓，陝州刺史。	慶叶，屯田員外郎、雍州司馬。		
大鈞，左金吾大將軍。		輸，大理司直。		
湯。		桂，工部員外郎。		
		子野，荆門令。		
		耽，涇原節度使、檢校工部尚書。		
		威字歧，兵部侍郎。	虯，侍御史。	咸，雲陽令。

揚州別駕續中子逢，漢尚書右僕射、樂安侯。五子：涉、表、瓊、昊、招，號樂安枝。表生漢海鹽縣令穰，字子仁。生恢，晉諫議大夫。恢生永興縣令弘，號諫議枝。揚州別駕續少子褒，字叔明。褒第三子紆，字叔盤，吳城門校尉。五子：纂、愔、颯、瓚、駿。駿字季才，九江都尉、太學博士。二子：遜、瑁。瑁字子璋，選曹尚書。六子：滂、喜、穎、英、偉、顏。穎第三子海陽縣令濯，生漢公。漢公生洌。洌生晉本郡從事元之，隱居魚圻，號魚圻枝。生英，字季子，長沙太守、高平相、員外散騎常侍。六子：術、舉、曄、玩、粹、瓘。玩字士瑤，侍中、司空，贈太尉、興平康伯。六子：謐、儒、側、納、乂、始，號太尉枝。始字祖興，五兵尚書、侍中。二子：倣、萬載。萬載，臨海太守、祕書監、侍中。四子：道玩、叔元、羣、子眞。子眞字同宗，宋東陽太守。四子：惠曉、惠恭、惠徹、惠遠。惠徹字監，齊司徒府左曹掾。三子：觀、閑、引。閑字退業，揚州別駕。四子：厥、絳、完、襄。

完字楚卿，梁琅邪太守。	丘公字子岳，黃門侍郎。	琛字潔玉，陳黃門侍郎。	柬之，司議郎、崇文侍書學士。	彥遠，贊善大夫。		會。
			靜之。			

玄之，字又玄，豫章尉。				
元方，相武后。				
象先，本名景初，相玄宗。				
泛，祕書少監，襲兗公。				
冀，城門郎、橋陵令。				
	咸，湖城尉。	兼物，汜水令、吳縣男。	兼拼，揚府戶曹參軍。	駉，揚州兵曹參軍。
	暈，汝州參軍。	愬，海鹽丞。	高。	楚，永嘉令。

				廣,沂州刺史。	偃,泉州刺史。
	涞,刑部郎中。		該,溧水令。	眺,夏陽令、大理司直。	謀,丹楊丞。
	演,汜水令。		鏘。		
翹,婺州刺史。	招。	權。			

		景倩，右臺監察御史。			
		溥，少府少監、平昌縣男。			
祕，奉天尉。	頎。	序，平陸令。	厚。	康，澤州刺史。	
		義舉。		孝甄名眞，河南司錄參軍。	正與。
				晝，監察御史。	賓虞字韶卿，侍御史。
					龜蒙字魯望。

	應，下邽令。	庶，福建觀察使。			
文舉。	緯，殿中侍御史。	縱，鄭令。	綜，河南府戶曹參軍。	繪，信州刺史。	紹，潁州刺史。
					翃，校書郎。

		景融，工部尚書。				
		沛，屯田郎中。			泳，秦州刺史。	
		敏，江夏令。	馴，陳州司馬。		盛，黃巖令。	
審傳，工部侍郎。	緄之，永嘉令。	峴，潤州司戶參軍。	志和。	惠和。	素平。	素長。
甚夷，校書郎。						

				涓，陽翟令。	清。	
				孟儒，蘇州司士參軍。		
				翾字楚臣。		素剛。
				希聲，相昭宗。		
	愿，左司郎中。	惎，符寶郎。	崇。	恕。		
德輿，義烏、桐廬尉。	德方。					

德鄰，庫部員外郎。

德謙。

德休，越州法曹參軍。

德昭。

愬。

嵩，祕書省校書郎。

仲文。

							季雍，太平令。				
						漸。	瑋。				
					景猷，屯田郎中。	包，工部郎中。	翃，應山令。	沆。			
						易，徐州刺史。	亘，虢州司士參軍。				
							倜，舒城令。	詹。			
								廉。			
						玭，明州長史。	俛，新鄭令。	嚴。			

					令公，梁宣城王記室參軍。
				瑾。	珣，陳右軍將軍。
				遜之，都官員外郎。	
	秀方。	彥恭，杭州刺史。			餘慶，太子詹事。
景裔，光祿卿。		棣，嘉興令。	向，漳州刺史。		珙。
條，上元令。					璪字仲采，汾州刺史。
儉，大理評事。					海，湖州刺史。

	雲公字子龍，梁中書黃門郎。
	瓊字伯玉，陳度支尚書。
	從典字由儀，隋南陽主簿。
	鑑。
長源字泳，汴宋節度使。	
行儉。	
復。	

長沙太守英，次子瓘，晉中書侍郎，號侍郎枝。五世孫文盛，齊散騎常侍。生宣猛，字觀明，梁宣威將軍。宣猛生陳吏部侍郎潯，潯九世孫齊望。

齊望，祕書監。	
泌，左散騎常侍。	瀍。主客郎中。
	休符字昌期。

	潤，左司員外郎。	淮，兵部郎中。	灞〔二〕，吏部郎中。	滻，戶部郎中。
師德，侍御史。			贄字敬輿，相德宗。	則，杭州刺史、左司郎中。
墠，青州從事、監察御史。			簡禮，兵部郎中。	
扆字祥文，相昭宗。				

	渭，戶部侍郎。	賞，監察御史。									
	澧，侍御史。										

陸氏宰相六人。丹徒枝有敦信；太尉枝有元方、象先、希聲；侍郎枝有扆、贄。

趙氏出自嬴姓。顓頊裔孫伯益，帝舜賜以嬴姓。十三世孫造父，周穆王封於趙城，因以爲氏。其地河東永安縣是也。六世孫奄父，號公仲，生叔帶，去周仕晉文侯。五世孫夙，晉獻公賜采邑於耿，河東皮氏縣有耿鄉是也。夙生共孟，共孟生衰，字子餘，謚曰成季。成季十八世孫遷，爲秦所滅，趙人立遷兄嘉爲代王，後降於秦。秦使嘉子公輔主西戎，西戎懷之，號曰趙王，世居隴西天水西縣。公輔十二世孫融，字長，後漢右扶風、大鴻臚。融七世孫瑤。

新安趙氏，後徙京兆奉天。

瑤，後魏河北太守。				
乾贊，隋幽州刺史、陽武公。				
玄極，忻州刺史。				
仁本，相高宗。				
誼，左司郎中、司僕少卿。				諫，左羽林將軍。
道先，字德宗，洪州錄事參軍。				
憬，字退翁，相德宗。				
宣亮。	全亮。	元亮。	承亮。	

德胄，回樂令。					
景旦，普安令。					
灌然，城平令。					
植字道茂，	嶺南節度使、檢校工部尚書，諡曰簡。				
公儀，下邽尉。		遵約。	仁約。	存約，興元節度判官。	
				隱字大隱，相懿宗、僖宗。	
				光逢字延吉，太常卿。	光裔字煥業，膳部郎中，知制誥。
					損。
					承讓。

				從約。	
			鷺字玄錫，華州刺史。	蒙字不欺。	蘊字中美。
		光胤字垂裕，駕部郎中。	光遠。	昌翰字德藩。	
	益。				
承讜。					

滂字思濟。		
峻字儀山。	崇字爲山，御史大夫。	峋字德山。

燉煌趙氏。

子遷，隋鷹揚郎將。
武蓋，監察御史。
彥昭字奐然，相中宗。

南陽趙氏亦世居宛縣，後徙平原。

鑒，後魏太常卿。				
榮，隋庫部侍郎。				
德言，主客員外郎。				
景，好畤令。	仁泰，南和令。			
敭先，殿中侍御史。	慎己，告成丞。			
驊，祕書監。	騆，京兆士曹參軍。			
宗儒字秉文，相德宗。	涉，侍御史。	渾，大理丞。		
	翛，監察御史。	伉，昭應尉。		
		璘字澤章。	璉字幾顏。	璜字祥牙。

		愼庶，殿中侍御史。
侔，初名儹，字德融。	佶，兼監察御史。	

趙氏宰相四人。仁本、憬、彥昭、宗儒。

閻氏出自姬姓。周武王封太伯曾孫仲奕於閻鄉，因以爲氏。又云，昭王少子生而手文曰「閻」，康王封於閻城。又云，唐叔虞之後晉成公子懿，食采於閻邑，晉滅，子孫散處河洛。前漢末，居滎陽。尙書閻章生暢，侍中、北宜春侯。三子：顯、景、晏。顯，車騎將軍、長社侯。顯生穆，避難徙于巴西之安漢。顯孫甫，魏武帝封爲平樂鄉侯，復居河南新安。生牂柯太守璞，璞生晉殿中將軍、漢中太守讚。讚生遼西太守亨。亨生北平太守安成亭侯鼎，字玉鉉，死劉聰之難。子昌，奔于代王猗盧，遂居馬邑。孫滿，後魏諸曹大夫，自馬邑又徙河南。孫善，龍驤將軍、雲中鎮將，因居雲州盛樂。生車騎將軍、燉煌鎮都大將提，提生盛樂郡守進。進少子慶，字仁度，後周小司空、上柱國、石保成公，賜姓大野氏，至隋復舊。生毗。

毗，隋將作少監、石保公。				
立德，工部尚書、大安公。				
玄邃，司農少卿、澤州刺史。				
知微，左豹韜將軍。	巨源，射洪令。			
	用之，左金吾將軍。			
	定。	寀。	宰。	宣。

	立行，少府監。	玄秀，岐州刺史。									
	立本，相高宗。	克儉。	叔子，同州刺史。								
		嘉賓，司農卿。									

閻氏宰相一人。立本。

郝氏出自郝省氏，太昊之佐也。商帝乙之世，裔孫期封於太原之郝鄉，因以爲氏。裔孫晏，秦上卿。晏孫瑗，太原守。生夔，漢匈奴中郎將。裔孫晉末因官徙潤州丹楊。七世孫迥，自丹楊徙安陸。

迴，梁江夏太守。	破敵，後周汚州太守。		相貴，滁州刺史。	處俊，相高宗。	北叟，司諫郎。						
					南容，祕書郎。						
					處傑，鄜州刺史。						

郝氏宰相一人。處俊。

薛氏出自任姓。黃帝孫顓頊少子陽封於任，十二世孫奚仲爲夏車正，禹封爲薛侯，其地魯國薛縣是也。奚仲遷于邳，十二世孫仲虺，復居薛，爲湯左相。臣扈、祖己皆其胄裔也。祖己七世孫曰成，徙國於摯，更號摯國。女大任，生周文王，至武王克商，復封爲薛侯。

齊桓霸諸侯，獨薛侯不從，黜爲伯。歷三代，凡六十四世，其可記者：眕生初，初生厲侯陵，陵生宣武侯房，房生哀侯褒，褒生莊侯元，元生平侯貴，貴生昭侯直，直生襄侯夷，夷生桓侯辨，辨生康侯安興，安興生定公籍，籍生恭侯尙，尙生景侯魏，魏生宣侯伯勤，伯勤生簡侯文歡，文歡生惠侯夷黃，夷黃生靈侯英，英生文侯俱，俱生隱侯淸，淸生愍侯洪，爲楚所滅。公子登仕楚懷王爲沛公，不仕，隱於博徒，因以國爲氏，所謂薛公也。生雲，雲生卬，卬生倪，爲楚令尹。倪生翁，翁生鑒，漢初獻策滅黥布，封千戶侯。生瑑，瑑生茂宣，茂宣生懷則，懷則生引孫，引孫生廣德，字廣德，御史大夫。廣德生饒，長沙太守。饒生愿，爲淮陽太守，因徙居焉。生方丘，字夫子。方丘生漢，字公子，後漢千乘太守。漢生彪，字輔國，司徒祭酒。彪生侍御史安期，安期生中山相脩，脩生馬邑都尉山塗，山塗生山陽太守固，固生龍丘令文伯，文伯生東海相衍，衍生兗州別駕蘭，爲曹操所殺。子永，字茂長，從蜀先主入蜀，爲蜀郡太守。永生齊，字夷甫，巴、蜀二郡太守，蜀亡，率戶五千降魏，拜光祿大夫，徙河東汾陰，世號蜀薛。二子：懿、始。懿字元伯，一名奉，北地太守，襲鄢陵侯。三子：恢、雕、興。恢一名開，河東太守，號「北祖」；雕號「南祖」；興，「西祖」。雕生徒，徒六子：堂、暉、推、煥、渠、黃。堂生廣，晉上黨太守，生安都。

安都字休達，後魏鎮南將軍、河東康王。			
眞龍。			
顯，晉州刺史。			
世斌。			世璡。
伯琳，靜州刺史。	師。		敏濟，左金吾大將軍。
	操。		
	朏。		
	南金，著作佐郎。	兼金，蒲州刺史。	

				道龍。
				榮，後魏新野武關二郡太守、都督、澄城縣公。
				仲孫。
				衍，後周御伯中大夫。
				軌，隋襄城郡贊治。
				仁貴名禮，松漠道大總管。
				訥，相玄宗。
	直，綏州刺史。			徽，左金吾將軍。
幹，洛州刺史。	堅，邢州刺史。	扑，歙州刺史。	振。	揖，相州刺史。

	愼惑，司禮主簿。		楚卿。	楚珍。	楚玉字瑤，左羽林將軍、汾陰縣伯。	
暢，左羽林將軍。	光。				巋，清河郡司戶參軍。	岌，右金吾將軍。
	雄，衛州刺史。	洽。				

暠，相衞節度使、太子少師。

嵩字嵩，相衞節度使、平陽郡王。

平字坦塗，左龍武大將軍、韓國公。

廣。

文範。

文度，監察御史裏行。

湘，初名儉，許州司士參軍。	宜僚，家令丞。	從字順之，左領軍將軍、河東縣子。	廉，虢州司法參軍。

	雲石，監門將軍。						昌朝，保信軍節度使。
勤。	文紹，蜀州司馬。	文謙。	季方，宋丘尉。	文緯。	敖，前鄉貢明法。	賓。	文繼，監察御史。

貽謀，兵部侍郎。							昌族，陳州刺史、侍御史。	
敬叔，涇陽尉。	元士，虢州參軍。	朗。	及。	弘猷。	弘禮。		珂，嘉興尉。	存亮，下邽尉。

				昌期，儀州刺史、兼侍御史。
文略。	宇，金州戶曹參軍。	擢，齊州司兵參軍。	文裳。	建。

昌宗，廬州長史。			昌運，監察御史。			皐，貝州長史。
元輔，下邑丞。	文質，郯王府參軍。	行甫。	存簡，潞府參軍。	文規。	存易。	

婺，亳州司戶參軍。

文綱，益都令。

瓌生顏、勍、超、戡、潯。顏生約，約生阿卿。勍生紹業。超，安邑主簿。戡，殿中侍御史，生彬、彪、岑、彭。岑，夏州都督。潯，一名正，生顧。

											顯生戩。
										文宙。	
										文演。	
										眞。	
										文英。	
										文衆。	
									聿，金鄉令。		
										仲宣，寧陵令。	
										仲遠。	
										仲達。	
							岸。				

西祖興，字季達，晉河東太守、安邑莊公。三子：紘、淸、濤。濤字伯略，中書監，襲安邑忠惠公，與北祖、南祖分統部衆，世號「三薛都統」。三子：彊、遺、淸。彊字公偉，秦大司徒、

馮翊宣公。三子：辯、邕、寵。辯字元伯，後魏雍州刺史、汾陰武侯。生謹，字法慎，內都坐大官、涪陵元公。五子：洪祚、洪隆、瑚、昂、積善，號「五房」，亦爲濮上五門薛氏大房。

洪隆字菩提，河東太守，謚曰簡。			
麟字景游，中書侍郎，謚曰宣。			
慶集，滄州刺史。	英集，黃門侍郎。		
綱。	端，吏部尚書。		
勤嘉。	胄，隋刑部尚書。		
元珪。	獻，工部侍郎、內陽公。		
諤。	元嘏。		
	孝廉，工部郎中。		
	自勗，杭州別駕。		自勵，河南府功曹參軍。
	愉，徐州刺史。	懌。	恬，殿中侍御史。
		伯高，刑部郎中。	

							驥字景逸，黃門侍郎，謚曰昭。
							亮。
						彌敏，隋通州總管。	琰。
							濬
							玄祚，駕部員外郎。
				孝侑。			
自勉，餘杭太守。	自勸。	融，清河太守。	公兌，建州刺史。				
自誼，職方員外郎。		退，著作佐郎。		延。	近。		
						遞，吏部侍郎。	
						務寬，滁州刺史。	

譔。							
文思，中書舍人。							
希會。					希莊，撫州刺史。		
元曖，隰城丞。					元暉，什仿令。		
彥輔，大理評事。	彥國。	彥偉，監察御史。	彥生。	彥雲。	播，水部郎中。	揔，監察御史。	據，禮部侍郎。
							公達。

瑚字破胡，後魏河東太守，謚曰簡。				
聰字延智，黃門侍郎、簡懿侯。				
孝通字伯達，中書侍郎。				
溫周，鄯州刺史。				
邁。				
元敬，秦府學士、太子舍人。				
象之，絳州刺史。				
恣。				
	公儀，殿中侍御史。			公幹，比部郎中。
		臨字知微。	蒙字中明。	損字後己。
			標字垂範。	

			道衡字玄卿，隋益州總管、臨河貞公。	
		迪。	大年。	
	元穆，戶部員外郎。	元簡，殿中侍御史。	行成，易令。	
逵。		仲璋，監察御史。	仁方，岳州刺史。	仁偉。
恆。				稷，相中、睿。
				伯陵。

				收字伯褒，秦王府十八學士、汾陰獻公。	
				振字元超，相高宗。	
				耀字昇華，給事中，襲汾陰男。	
				黃童，滑州司功參軍。	
承裕。	承輔。	承鼎。		承規。	伯陽，左千牛將軍、駙馬都尉。
			泳。	向。	談，衛尉卿、駙馬都尉。

金童，壯武將軍。		榮童，永寧丞。	顏童。	襄童，果州司戶參軍。			
承翰，晉安府果毅都尉。	承寵。	崇，江陰尉。		璠。	環。	瓌。	瑛。

毅字仲雄，太子舍人。				
儒童字勝流，醴泉令。		雲童，潤州參軍。		鳳童字公輸，兗州司馬，襲汾陰男。
睦。	岸，肥鄉府果毅。	岑。	巖。	嵩。

舒字仲和，黔中經略使、河東縣伯。				
安親，新鄉丞。	安國，左金吾兵曹參軍。	安都，永王參軍。	遵誠，奉禮郎。	遵誨，協律郎。

	海童字深源，新鄉丞。		江童字靈遠，陳留太守、河南採訪使。
			寧字孝本，著作郎。
遵訓，太常寺太祝。	安遷，洛南尉。	安爲，華亭令。	當，錢塘令。

裳，檢校尚書、水部員外郎、知度支東川院。	謨，吳尉。	鎮，錢塘令。		鐧字幾中，大理評事。
延休，河清尉。		莊。	鴈。	賁字抱素，司封員外郎。
				遐舉，生正元。

康，殿中監、駙馬都尉。	邕字公和，宣歙觀察使。	平。		
鈜，司農丞。	應，本名載，京兆府兵曹參軍。			
			洿字德符，婺州刺史。	
			殷圖，華陰尉。	鵬舉，大寧令，生坦、塤。

鉅，洛陽令。			鈹，京兆府倉曹參軍。
弘範，豐陵令。		弘遠，宋州錄事參軍。	肱，鳳翔府倉曹參軍。
曛，唐昌令。	皓，光祿丞。子碤，太子舍人。		蒙。

	鈞，通州刺史。				
	弘志，鳳翔府司錄參軍。	弘宗，司農卿。	弘宣，蘄州錄事參軍。		
象。	庾，趙城主簿。	潘，聞喜令。	巖，蘄州司馬。	嶠。	巋。

		釗，祕書監。		
弘休，膳部員外郎。	夔，睦州刺史。	弘紹，醴泉令。		弘懿，商州長史。
嵩老字仲甫，膳部員外郎，號「南薛」。生籥。		礭。	蟾。	

		俊字爽之，慈州刺史。			
		上童，隴西郡太守。			獻童字替否，馮翊郡太守。
	晏，嶺南推官。	垂。	萬，富陽令。	華。	武，河南府士曹參軍。
	錡。		正封。		仲躬字端己，邢州參軍。
弘裕，宋城尉。					潛。

	仲約字易簡，南陵令。		仲誨字易簡，餘杭、江西從事。	仲素，河東節度判官。
行周，信州長史。	溫，吳尉。	渾。	潭。	滦。
				坤符。

							瑕，沁州別駕。	
鑄，烏程尉。							叔達，忻州司馬。	
廣。	浼。	溪。	涂。	譖，殿中侍御史。		行實。	行立。	行方。
魯。				韜，改名鄴，墊江令。生戡。	郢。			

襲，大理評事。				崟。
仲翔字休。 鵬擧，河南府士曹參軍。				
	砯。	植字子正，侍御史。	洸，許州支使。	
		遐翼，嚴州刺史。	昭遠，沁水丞。	

貞童字文幹，岐州司法參軍。		
絿字公茂，河南府戶曹參軍。		
正則，長春宮判官。	正倫，殿中侍御史。	
	讜，駕部員外郎。	
	元朋，儋州刺史。生善慧。	彥遠，南部令。生鍈，導江令、侍御史。

諶，國子四門博士。	誠字符，司農卿。	
	茂脩，太常博士。生錯、銳。 銳，檢校工部員外郎。	延樞，武功尉、左拾遺。生釧、鑣、鋼。

	陟字元遜，彭城令。			
	正文，陽武令。			
	諭，芮城令、檢校戶部員外郎。	鼎，光祿主簿。		諲，侍御史，知浙西鹽鐵院。
茂昌，檢校兵部員外郎。		彥明。	庶。	彥損，河中、河東尉。

護，河東尉。	謂字昌臣，京兆府功曹參軍。			諤字匡臣，大理評事、度
	厚，西城令。	嶕，魏城令。	嶢，高陵尉、右拾遺。	彥規，曲沃令。生導。

支巡官。

彥矩。

彥鍚。

讓，大理寺主簿。

誕。

昌遠，鴻臚卿。

迺，棣州錄事參軍。

奇童字壽，靈石尉。

靈孺，慈州刺史。

		彧字遵智，尚書。			
		長瑜，洛州刺史、征東大將軍。			
		稜伽。			
		德義。			
		景山。			
		胤字孝襃。			元嗣，洛州長史。
	季童字仲孺，祕書正字。	沖。	源。	淡。	溫，膳部郎中。
巒，忠州錄事參軍。					昭。
					藹。
					芬。
					蓁。

和字暹睦，後魏南州刺史，謚文。					
善周京兆尹、博平公。					
粹。					
大鼎，貝州刺史。					
克構，麟臺監。					
徽元。				元宗，虢州刺史。	
	鏡一，虞部郎中。	弘悌，工部郎中。	鄭賓，濮州刺史。	珣，殿中侍御史。	瓚，左武衛將軍。

	衮。		裕。			
	臻德。	善音。	敬仁，閬州刺史。	敬德，果州刺史。		敬倫。
克勤，宗正卿。				崇本。		瓌，丹州刺史。
				待聘。		
				瑩，杭州刺史。	鄘。	
				銚，忠州刺史。		
					良史，杞王傅。	
					構。	

			逸字智都，殿中監。		芳字季令。
	愼。	濟。	昶，北地太守。		膺字元禮，諫議大夫。
淹。		文度，曹州刺史。	綱，高平公。		處靜。
廉，吉州刺史。	道昮，禮部員外郎。		昭，澤州刺史。		
		瑾，左拾遺。	昉，淮陰侯。		
			岑，夏州都督。		揚名。
			福，安州刺史。		反光。
			衡。		
			玉。		
			俊。		
			神生國，國生紹，紹生信，信生問、閔。	康鎭。	

		蕃。		
		處道。		
		德祖。	德元。	
德晟。	敏恭，司宰卿。	懷操，祠部郎中。	懷昱，饒州刺史。	
	玄立，左羽林將軍。		瓘，光祿卿、駙馬都尉。	
			顗，黃門侍郎。	緒。
				崇允。
				回。
				景先，左金吾大將軍。

		懷晏。		
		瑊。		
	紀。	紹，禮部郎中。		紹，左散騎常侍、駙馬都尉。
忿，主客郎中。	愿，汝南太守。	崇一。	崇簡，太僕卿、立節王。	崇胤，太常卿、壽陽王。
頲，太子中舍。		顒，殿中侍御史。		翾。

			德備。		德聞。
			懷嘉。		懷智，膳部員外郎。
			玄嘉，興州刺史。		
	瑩。	儆，鄧州刺史、駙馬都尉。	植，膳部郎中。		
		鏞，光祿卿、駙馬都尉。			
頊，蓬州刺史。			灁。	怈。	

懷讓，州刺史。				
懷侃，尚書左丞。	審，咸寧郡長史。			
賁居。	勝，左拾遺。			
成己。	存誠，給事中。			
	庭範字輔國。		庭章字介。	庭望字遂之，虢州刺史。
	保雍字昌之。	昭謩。	保厚字鎮章。	貽矩字式瞻，一字熙用，御史大夫。
				曄。

	存規,衛尉卿。			
庭老字商叟,吏部侍郎。	庭傑,右拾遺。			
保遜字遜之,司農卿。	珮。		瑋,荆南節度書記。	正表字子昭,左諫議大夫。
昭緯字紀化,御史中丞。	沖。	懿,胙城令。	貞贊。	殷藏生知素。

				昂字破氏，後魏河東太守。			
				欽。			
				馥，後周荆州刺史、陽城公。			
				道實，隋禮部侍郎、臨汾公。			
				德儒，隋濟北司馬。			
				寶積，潤州刺史。			
				待詔，代州司馬。			
				瞻。	侃，陝州司馬。		
					翮先，衛尉少卿。		
					蒼，光祿卿、駙馬都尉。	蕆。	華。
		璘。	正朋。				
貞。	泂。		貞齊。				

順先，奉先尉。						
萊。	莘。	芳。	萃。	苹，浙西觀察使。		
				膺，婺州刺史。	褒字魯志。	
				調。	訢字敦美，生汾，字鼎川。	蟾字宗聖。

				弼，滑州刺史。		鬸。	
			常先，太子詹事。		茂先。	榮先。	巨先。
			萇，江陵少尹。				順連。
休字肅志。	庠字蒙志。	齊。					

裔。						
珹。						
悌。						
伯連，河東尹。		仲連。	幼連，京兆府戶曹參軍。			季連，工部侍郎。
延智。	延光。		易知，慈州刺史。	延，鳳翔少尹。	貢，左司員外郎。	

			寶胤，少府少監。						
緘。	紹。	縯。	纘。					純，秦州都督。	絢，好畤令。
			恆。					麟，倉部郎中。	如瑤。
			懋。						弁，江州刺史。
		過庭。	銳。	鍰。	鎬。		鈞。		元方。
					諸。	諳。			

	綰，濟源令。	繪，祠部郎中。		紘，華州刺史。		
	翼，右補闕。	承規。	承矩。	用。	兢，殿中侍御史。	朋。
	丕。		謇，泗州刺史。			
仲方。						

			縉，廬、和二州刺史。		絳。
羽，新平太守。	珏，嶺南節度使。		林。	枝。	
	弘慶。	存慶。			
		耽，字敬交，東川節度使。			

繇，金部員外郎。					
同，湖州長史。					
乂，溫州刺史。	丹，盧州刺史。	戎字元夫，浙東觀察使。		放，江西觀察使。	朗。
		泝。	洽。		
					壽弘，合州刺史。

慶字積善，後魏河東太守。								
隆宗。								
仲玉，東夏州刺史。								
粲。								
深。								
世弘。								
仁軌，虞部郎中。								
思貞，鄆州刺史。								記，絳州刺史。
怦。		忻，侍御史。			愐。			和，左僕射。
廣。	庤。	澭。	漸。	備。	中孚。	隨。	蒙。	經。

							仁惠。	思誨。	嘻，監察御史。			
								思行，右金吾將軍。	昭，晉州刺史。		晃，鄧州刺史。	晟，御史大夫。生逵，逵生僎。

薛氏定著二房：一曰南祖，二曰西祖。宰相三人。南祖有訥；西祖有稷、元超。

校勘記

〔一〕灝 舊書卷一三九陸贄傳及權德輿陸宣公翰苑集序均作「偘」。

唐書卷七十四上

表第十四上

宰相世系四上

韋氏出自風姓。顓頊孫大彭爲夏諸侯，少康之世，封其別孫元哲于豕韋，其地滑州韋城是也。豕韋、大彭迭爲商伯，周赧王時，始失國，徙居彭城，以國爲氏。韋伯遐二十四世孫孟，爲漢楚王傅，去位，徙居魯國鄒縣。孟四世孫賢，漢丞相、扶陽節侯，又徙京兆杜陵。生玄成，丞相。生寬。寬生育。育生浚，後漢尚書令。生豹，梓潼太守。生著，東海相。孫胄，魏詹事、安城侯。三子：潛、穆、惜。潛號「西眷」，穆號「東眷」。潛曾孫惠度，後魏中書侍郎。生千雄，略陽太守。生鄭子，字英，代郡守、兗州刺史。生瑱，字世珍，後周侍中、平齊惠公，號平齊公房。二子：峻、師。

峻，後周車騎大將軍、儀同三司，襄平齊縣公。				
貞字德正，隋監遼東城西面軍事。				
懷敬，左領軍將軍。	懷辯，開府。	懷質，光祿卿。		
知藝，襄州刺史。			希緘，江都令。	
		顥，陰平太守。	澹，臨汾主簿。	
			漸，陵州刺史。	
			宗禮，陝虢觀察支使。	文恪字敬之，將
				從易。

	淡。		
作監，充內作使。	審規，壽州刺史。	象，殿中侍御史。	
	發字知人，工部員外郎。	元貞。	
	究字繼山，右諫議大夫。	慇字端士，武昌軍節度使。	
		德鄰，信州刺史。	保衡字蘊用，相懿宗。

保殷，長安令。	愼思，泰寧軍節度判官。	保範，邠寧節度副使。	保乂，翰林學士、兵部侍郎。
	瓌，祕書郎。		肅字內莊，洛州團練副使。

	方憲，台州刺史。			
	鈞，福建觀察判官。			從易，國子太學博士。
保合，邠寧觀察支使。	贊，字致雍。	允之，襄州錄事參軍。		
		仁濟，陳州錄事參軍。	襄，祕書丞。	

					師字公穎，隋汴州刺史、井陘定侯。
				匡素，和州刺史。	弘敏，相武后。
				洽，考功郎中。	
				收，殿中侍御史。	
詢，滁州刺史。	從龜，左庶子。	鐸，烏程令。	鈴，屯田郎中。		

	仁爽，鳳州刺史。		素立，主爵員外郎。	
容成，驍衛將軍。				
		瑤，果州刺史。		
				屺，宋州刺史。

東眷韋氏：穆曾孫楷，晉長樂、淸河二郡守。生逵，慕容垂大長秋卿。生閬，字友觀，避地薊城，後魏太武召爲咸陽太守。時關中大亂，所部獨安。明元帝嘗曰：「我欲有臣皆如閬。」當時以爲美談。子孫因自別爲閬公房。二子：範、道珍。

範，後魏高平男。				
法僊，都水使者、高平貞男。				
子粲字暉茂，北齊豫州刺史、西兗忠男。	榮亮字子昱，北齊左衛大將軍。			
孝謇，集州刺史。	綱字世紀，隋趙州長史。			
	文宗。			
	德敏，太府少卿。			
	璆，衡州刺史、魯縣康公。			
	元誠，范陽郡倉曹參軍。	元濟。	元賁。	元曾字穎叔，吏部郎中。
	彤，澧州刺史。			
	訢字勿喜。			

					德基，金部郎中。	
珙，光祿少卿。		玢，司農卿。		瑗。	琳，廣州都督。	
元方。	元志。	元甫，尚書右丞。	元懌。		裕。	延安，鄂州刺史。
		悅，長安令。	愃，巴州刺史。			

		顥。	祖歡。	
		暮,隋蒲州刺史、普安郡公。		
	文傑。	士讓,羅州別駕。	世師,博州刺史。	
			眞泰,戶部侍郎。	脩業,水部員外郎。
球。	玠,榮州刺史。		瓊,考功郎中。	
之晉,湖南觀察使。	𣪍,金部員外郎。			
祜。				

崇操。

月將，以直諫死中宗朝。

畠，眉州刺史。

忠，普州刺史。

道珍字秦寶，後魏威遠將軍、扶風馮翊二郡太守。生邕，著作郎、諫議大夫。生鴻冑。

二子：澄、淹。淹生雲起，封彭城公，因號彭城公房。

鴻冑，後周儀同三司、本州大都督、新豐昭公。

澄字清仁，綿州刺史、彭城敬公。

慶嗣，太子家令，襄公。

正禮，太子舍人。

承彥。

正德。			正名，東海令。	
廣宗，丹楊丞。	守素，絳州司功參軍。		元昭，渭州司法參軍。	元暉，恆王府諮議參軍。
	忻。	協。	善盧，都水丞。	迥，監察御史。
				鎮。

					正道，太子通事舍人。	正己，工部員外郎。
						懷撝，彭原尉。
邈，校書郎。		遵，雲陽尉。				東箭。
彭侯。	成侯。	公舉。	公安。	公衡。		

		正象,雍丘令。			正履,潁州司馬。	
懷搆,申王府諸議參軍。		元震。			齊物。	
紹,郃陽令。	仿,郃陽令。	璆,左衞中郎。	玢。	玠。	伯鑛,著作郎。	
					彪,唐州刺史。	彤,太常博士。
					中立。	
					愼樞字欲訥。	

			𢋈植，魏王府長史。		
		正矩，殿中監、駙馬都尉。	璠，駕部員外郎。		
千齡。			鈞字季和，漢州司馬。		
峻，秦王府倉曹參軍。	峴，南陽主簿。		悅然，晉州長史。		怡然，贊善大夫。
			遠。	遇。	巡。

					琳，灄水令。	珦，清河令。
		鉉，虞部郎中。	默，神烏令。	邃，左武衛騎曹參軍。		釴。
忻然，大理丞。	懌然，鄂州別駕。	瑩，司門郎中。				至誠，吳尉。
迪。	遘。					密，信安丞。

鍵，臨潁令。			銑，魏州刺史、河北採訪使。			
千秋，樂壽丞。			藍，祕書郎。		鑒，著作郎。	鑾，潁王府司馬。
去泰。	去奢。	去甚。	徽，河中府戶曹參軍。	宣，左千牛。		
				宥，宣州刺史。		

璡。	琇。	珽，倉部郎中。			
		鎬，興州司馬。		銛，徐州別駕。	
		萬春，果毅。	詵，荊府士曹參軍。	俌，密州錄事參軍。	倚，光祿少卿。

			瑨，三原令。				項，工部尙書。
	鍔，濩澤令。		渙。	滔。	淸。	濟。	鐵，太子少保、駙馬都尉。
倫，莒令。	僑，河池郡司馬。	倩，臨洺主簿。					友謙，陳王府長史。
							續，天興令。

繡，徐城令。

縱，左金吾衞兵曹參軍。

友信，泉、吉、婺三州刺史。

縝。

繕。

績，試金吾衞長史。

	友諒，右衛將軍。			友柔，太子舍人。	
綅，屯田郎中。		約。	綽，相州參軍。	總，勝州刺史。	絳，襄州司法參軍。

	琰，左千牛。				
寬，通事舍人。	寧，絳州司兵參軍。				
		友順，山陰令。			友剛，漳州刺史。
			紹，一名鼎。	縉。	蘊，檢校太子詹事。

								慶餘，初名玄眞，校書 慶基，兵部郎。 郎中。
	玄直。	玄符。					玄昱，明經。	
元覃。	元寂。		履協。	履佫。	履愔。	履惇，婺州法曹參軍。	履恬，絳令。	元一。

玄胤。	玄寶，安州司法參軍。				玄錫，台州刺史。		
黃冠。	從一。	彥談。	仲良。	季良。	元寂，楚丘令。	元泚，襄陽令。	元淸，商州司戶參軍。

兢，初名慶 儼，庫部員外郎。						
巨山。						
元旦，中書舍人。	元曄，司勳員外郎。	元晨，殿中侍御史。				
		涵。	登。			
		顥，洋州刺史。	萬，忠州刺史。	順。	俛。	顓。
		力仁，駙馬都尉。				

慶祚。				
頲，宋州刺史。				
行詳。	行誠，著作郎。		行詮，尚書右丞。	
		子文，德明皇帝廟令。	良宰。	利見，嶺南節度使。
	幹，太子詹事。	器字器，富平尉。		明宸，劍州刺史。
		公右，昭應令。		
		及，三原令。		

		奄。		
慶本，洪府長史。	慶暕，戶部員外郎。	雲起，司農卿、益州行臺僕射。		雲表字之玄，祕書監，襲晉陽公。
	昇，澤州刺史。	師實，秦州都督。		師經，齊王府司馬。
		方質，相武后。	方直，兵部郎中。	友道。
	明宗，左贊善大夫。			

						雲平，度支郎中。	
			師莊，著作郎。			師貞。	
俠客。	眞客。	楚客。	昉。	暟。	晙。	元晟，綿州刺史。	元珪，宗正卿。
						汪，岷州刺史。	堅字子全，刑部尚書、韋城縣男。
							諲，果州刺史。

	蘭，將作少監。	冰，鄠令。	芝，兵部員外郎。
諒，河南府戶曹參軍。			

逍遙公房出自閬弟子眞嘉，後魏侍中、馮翊扶風二郡守。二子：旭、[illegible]。旭，南幽州刺史、文惠公。二子：夐、叔裕。夐字敬遠，後周逍遙公，號逍遙公房。八子：世康、洸、瓘、頤、仁基、藝、沖、約。

世康，隋荊州總管、漢安文公。					
福嗣，隋內史舍人。					
悰，御史中丞。	憬，尚書左丞。				
	希元，上黨尉。				
	啓，左補闕。	肇，吏部侍郎。			
	彰。	綬，左散騎常侍。			
		溫字弘有，宣歙觀察使。			
		礭，四門助教。	璆。	瓌。	琛字信卿。

			貫之字正理，相憲宗。
		庾，刑部侍郎，判戶部事。	澳字子斐，河南尹。
序字休之。	廱字德華，戶部侍郎、翰林承旨學士。	庠字賓虞。	
		華字表文。	

				福奬，隋通事舍人。	
				寡尤，洋州刺史。	
				璋，湖州刺史。	
				鑛金，河南府參軍。	
			班，衡州刺史。	黃裳，昇州刺史。	
		纁，吏部郎中。	汭。	旻，河南府參軍。	
	濟。			博字大業，昭義節度使。	
郊字延秀。				郅，監門率府錄事參軍。	魯，涇州營田判官。

<table>
<tr><td></td><td></td><td></td><td>洸字世穆，隋廣州總管、襄陽敬公。</td><td></td></tr>
<tr><td></td><td></td><td></td><td>協字欽仁，秦州刺史。</td><td></td></tr>
<tr><td></td><td></td><td></td><td>仲銳，金部郎中。</td><td>叔銳。</td></tr>
<tr><td></td><td></td><td></td><td></td><td>文彥。</td></tr>
<tr><td></td><td></td><td>珍。</td><td></td><td>良嗣，給事中。</td></tr>
<tr><td></td><td></td><td></td><td></td><td>稹，京兆少尹，知府事。</td></tr>
<tr><td></td><td></td><td></td><td></td><td>極。</td></tr>
<tr><td></td><td></td><td></td><td></td><td></td></tr>
<tr><td></td><td></td><td></td><td></td><td></td></tr>
<tr><td>承裕字天錫。</td><td>承貽字貽之。</td><td></td><td></td><td></td></tr>
<tr><td></td><td></td><td></td><td></td><td></td></tr>
<tr><td></td><td></td><td></td><td></td><td></td></tr>
</table>

	瓘字世恭，隨州刺史、達安公。	頤。	仁基，龍州刺史。	
	萬頃。		元祚，丹州刺史。	仁祚，宋州刺史。
	元整，曹州刺史。	晤，戶部郎中。		旅，給事中。
				皎，許州司馬。
			霸，吏部郎中、汝州刺史。	愨，渭南主簿。
				商伯，金鄉尉。
				偉，著作郎。
光遠字德鑑。				

			藝字世文，後周營州總管、魏興懷公。			
		哲。	彤。			
	曄。		彥師，撫州刺史。			
			承徽，忠州刺史。			
			彥方。			
		元輔。	徽。			
儹，睦州刺史。		原叔。	衡，原州都督。			
			寂，司農太府少卿。			
			峴。	[illegible]。	岵。	嵫。

				彧。
				元方，禮部郎中。
			同，洪州都督。	
衍。		衢，殿中監閑廄使。	衎，右驍衞將軍。	
萬，兼監察御史。	京，富平令。		少華，太府卿。	
處厚字德載，相文宗。				

晏字宣，馬嶺令。					
鼎，將作監丞。					
希仲，太常卿、扶陽公。				希叔字季，薛王友。	
景先，湖州刺史。	歙先，拾遺。	胄先，殿中侍御史。	象先。	襲先，蜀州參軍。	奉先，岐山令。
			珣，將作少監、通事舍人。		

					沖字世沖，隋戶部尚書、義豐公。
			宣敏。		挺，象州刺史。
			嶠，秋官侍郎。		待價，相武后。
			友直，司門郎中。	友清。	令儀，宗正少卿。
令先，冀州參軍。	宗先，易州參軍。	昭先。		鄴，坊州刺史。	鑒。

鑋。			錡。	鎔。	鎡，監察御史。
應物，蘇州刺史。				繫，岳州刺史。	武，京兆尹、御史中丞。
慶復。	厚復。				
退之。	徹字中瑩。				
	式。	韞。			
	播。	莊字端己。			
	匡字化權。				
	遜字遐美。				

	履冰。	興宗。				萬石，太常少卿。
烈。		令望。		令悌。	令裕，屯田員外郎。	
嗣立，宣州司戶參軍。		叔卿，丹州刺史。				
堯，興道令。		澣，昭應令。	滌，戶部員外郎。	汎，江州刺史。		
弘景，禮部尚書。				周方。		

	約，隋儀同、觀城公。				
德運。	克己。	後己。			
山甫，屯田郎中。	遙光，萬年令。				
		誠奢，殿中侍御史。			
		晊，兵部郎中。			
		公輔。	公素字復禮。		
				荷字敬止，嶺南節度使。	
				藝字德輝。	偓字仁曾。

	公度。	公璵。	公肅，太常博士。
塾字德詳。			

鄖公房：文惠公旭次子叔裕，字孝寬，隋尚書令、鄖襄公。六子：諶、總、壽、霽、津、靜，號鄖公房。

總字善會，後周京兆尹、河南貞公。
柱成，襲鄖國公。

匡伯，隋尚衣奉御、舒國懿公。				圓照。	
思言。	思齊，尚書右丞、司稼正卿。	思仁，尚衣奉御。		觀。	
遈，光祿卿。	紀，衞尉卿、懷寧公。	巨源，相武后、中宗。	液。	爽，太僕少卿。	
		明歇，華州刺史。		潤。	湜，齊州刺史。
			寡悔。	昭信，滄州長史。	昭訓，太子僕。
					光宰，太府少卿。

光裔字叔陽，少府監。	廙，太原府參軍。
光弼，大理卿。	鷹。
	庠。
	疪。
光冑，太常少卿。	慶。
光輔字 光輔，衢州刺史。	康。
	膺。

		壽字世齡，隋毛州刺史、滑定公。		
		保釋，右衛副率。	義節，刑部侍郎、襄城公。	
		知遠，監察御史。	愼行。	
			潛，澧州刺史。	渙，嘉州刺史。
	光憲，太子少詹事。			
允節。				

		津，陵州刺史、壽光縣男。				
		全璧。				
		悦，給事中。		忻，兵部郎中。		
愼名，彭州刺史。	愼惑，右驍衛將軍。	勉，復州刺史。	幹。	希先，比部郎中。	奐，虞部郎中。	希一。

				琬，成州刺史。		
	季重。		儋，定州長史。	令則。	叔夏，禮部侍郎。	
謇。	烈，都官員外郎。		千里名昂，以字行，白水丞。	晟，棣州刺史。	縚，太子少師。	
	邁。	迪。	宏。		弘。	協義。

		季良。									
		才絢，郇王府司馬。	求。								
			回。	正名。							
			由，金吾將軍。	士英，監察御史。							
			韶，明州刺史。	大岡。							
			嬰，鄭令。	士南，萬州刺史。							
				士文，祕書少監。							

安石，相武后、中、睿。				
陟字殷卿，吏部尚書、郇國公。				
士瞻。	允，吏部員外郎、潁州刺史。			
	同元。	同訓。	承素，昭義節度判官。	
			瑝，國子祭酒。	璡字禮卿。

	斌，臨安太守。							
	袞，駕部員外郎。			逢。	曼。	渢，洛陽令。	褭。	尃。
	同懿。	同休。	同憲。	同翊字啓之。				
琡，工部尚書、少府卿。								
紘，都水使者。								

						琨字玄理，太子詹事、武陽貞侯。
			季弼。			暢。
		玢，司農卿。	廉，考功員外郎。			抗，刑部尚書，謚曰貞。
凜，朗州刺史。	況，諫議大夫。		肅。	端。		翹，同州刺史。
				緼。	紓。	

	展，少府監主簿。	幼平，金部員外郎。		
拯，戶部郎中。		抱貞，梓州刺史。		
演。	澣，閬州刺史。	鯁。		政，雒丞。
		清。		丹字文明，武陽郡公。
		礌，司封郎中、太原河東行軍司馬。	潘字游之。	寘。
		滂，汝州錄事參軍。		

宙，嶺南節度使、檢校左僕射、同中書門下平章事。		審，大理評事。
蒙，河南府司錄參軍。	臨，京兆府司錄參軍。	瓚，胙城尉。
		鐔，宛丘令。

					璲，倉部郎中。	瑜，歙州刺史。
	調。	翼字從善，太府卿、武陽平公。				
		愼習。	恂如。	悟微。		
	崟，隴州刺史。					
政實，河中府士曹參軍。						

南皮公房：安城侯冑次子愔。愔七代孫景略，後周驃騎將軍、右光祿大夫、青州刺史。生瓚，隋倉部侍郎、尚書右丞、司農卿、南皮縣伯。四子：叔諧、季武、叔謙、季貞，因號南皮公房。瓚從子元遜，從祖弟子逖。

叔諧，庫部郎中。				
福字玄福，絳州刺史。				玄奘。
湊字彥宗，彭城文公。				光乘，朔方節度使、衛尉卿。
見素，相玄宗。				僎，江西觀察使。
倜，給事中。	諤，給事中。	益，工部員外郎。	晳，光祿少卿。	良。
頌，庫部郎中。		顗，兵部員外郎。		
損，初名諶。		遼字鵬舉。		

				季武，主爵郎中。	叔謙，考功郎中。	
					知人，司戎大夫。	
					維字文紀，右庶子、南皮縣公。	
	倫，太子少保。		倪，衛尉少卿。		虛心，工部尚書。	虛舟，刑部侍郎。
放。	敦。	徵。	正己。		有方，左司員外郎。	有象。

縱。		縝。			
虛受，通州刺史。	昭理，常州刺史。	幼成，山南採訪使。	幼卿，洛陽令。	幼奇，楚丘令。	幼章，楚州刺史。
			翃，侍御史。		
			詷字踐之，湖南觀察使。		
			憲字持之。		

					元遜。
					玄泰，度支郎中、陝州刺史。
					光，資州刺史。
綱字綱，初名紹，陳王傅。					
豫，麟游尉。	巽，三水主簿。		咸，汴州司戶參軍。	觀，洛陽尉。	
鸞，魏州參軍。	沇，緱氏尉。	濬。	武。		

	述。	
堅。		
佶，舒州刺史。	鏗，考功郎中。	
	少游，吏部郎中。	少華，中書舍人。
	復，建州刺史。	

駙馬房：東眷穆四代孫自璧，自璧四代孫延賓，延賓三子：璋、福、議。至溫，諸子尚主者數人，因號駙馬房。

璋。	
岌	
玄郁。	玄謂。
澮，職方郎中。	嬰，左金吾將軍。

			福。	議。	
				仁，隋坊州刺史、恆安縣公。	
			昌，左驍衛大將軍、普安公。	弘慶。	
	玄誕。			玄希。	
顗，太子僕。	瑗，司勳郎中。	緹，宗正少卿。		淮，光祿少卿、曹國公。	瓘，太僕卿、駙馬都尉。
					會，太子贊善大夫。
					鶴。

			弘度。	弘表，曹王府典軍。	
		玄璡。		玄儼，邢州刺史、博城縣公。	
		涉，太僕少卿。	淑，衛尉少卿。	灌。	
			藏鋒。	構，太僕少卿、魯國公。	播，吏部郎中、宋國公。
鵬。	鶚。				

						弘素。
		玄貞，豫州刺史。				玄昭。
溫，相中宗、殤帝。	湑字潤甫，左羽林大將軍。	洵。	浩。	洞。	洸。	濬，衛尉少卿。
	捷，祕書少監、駙馬都尉。					

龍門公房：安城侯冑次子愔，愔生達，達六世孫挺傑，後周撫軍將軍、平州刺史。二子：遵、通。遵，驃騎大將軍、晉州大總管府長史、龍門縣公，因號龍門公房。通生善嗣。

善嗣，上谷郡太守。				
崇德，太子會諭德。				
仲昌，京兆少尹。				
漸。	浼，一名莓，巴州刺史。			
	執中，泉州刺史。	執誼，相順、憲。		
		曙。	曈字賓之，鄭州刺史。	昶字文明。
				布震字熙化。

			弼字國楨，商州刺史。	
	叔昂，左司郎中。	伯詳，考功郎中。	伯陽字春，倉部郎中、北都副留守。	
	汎。		建字正封，祕書監。	迢，嶺南節度行軍司馬。
	萬。		宗卿，侍御史、戶部員外郎，以季莊孫繼。	夏卿字雲客，太子少保。
旭字就之。	古。			
	遐字思永。			延範字承之。

					季莊，扶風郡太守。	仲長。	叔將，豫州刺史。
				造，大理評事。			
	周卿。	正卿。					
璋字宜之。		珩。	瓘字茂弘。				

小逍遙公房出自東眷穆曾孫鍾。鍾生華，隨宋高祖度江居襄陽，生玄，以太尉掾召，不赴。二子：祖征，光祿勳；祖歸，寧遠長史。祖歸三子：纂、闡、叡。纂，南齊司徒記室參軍。曾孫弘瑗，至嗣立更號小逍遙公房。

弘瑗，隋武陽令。	德倫，任丘令。	思謙，相武后。	承慶字延休，相武后。	晉，常州刺史。	
				長裕，祠部員外郎。	當，富平令。
			嗣立字延構，相武后、中宗。	孚，左司員外郎。	
				恆，陳留太守。	懿，韶州刺史。

						淑，安州都督。
濟，馮翊太守。					史。	
士模，彭州刺史。	逢，虞部員外郎。		士勛，河南少尹。	涵，邵州刺史。		
	貞伯，給事中。	成季，兵部郎中。				
	尙敬，字執勇。					

	知止，庫部郎中。	
仁愼，駕部郎中。		
奉先，金部郎中。	嗣業。	
濬，梓州刺史。	希。	損。
	朗。	常。

又有京兆韋氏。

宗立。	
式。	
巨範字廷臣。	昭範字憲之。

昌範字禹用晦。

彀字唐後。

籌，考工郎中。

貽範字垂憲，相昭宗。

綬。

逢。

昭度字正紀，相僖宗、昭宗。

又有京兆韋氏。

韋氏定著九房：一曰西眷，二曰東眷，三曰逍遙公房，四曰鄖公房，五曰南皮公房，六曰駙馬房，七曰龍門公房，八曰小逍遙公房，九曰京兆韋氏。宰相十四人〔一〕。

平齊公房有保衡、弘敏；東眷有方質；逍遙公房有貫之、處厚、待價；鄖公房有巨源；南皮公房有見素；駙馬房有溫；龍門公房有執誼；襄陽有思謙、嗣立；京兆有貽範、昭度。

郭氏出自姬姓。周武王封文王弟虢叔於西虢，封虢仲於東虢。西虢地在虞、鄭之間，平王東遷，奪虢叔之地與鄭武公，楚莊王起陸渾之師伐周，責王滅虢，於是平王求虢叔裔孫序，封於陽曲，號曰郭公。「虢」謂之「郭」，聲之轉也，因以爲氏。後漢末，大司農郭全代居陽曲，生蘊。蘊生準、配、鎮。鎮，謁者僕射、昌平侯。裔孫徙潁川。

育，北齊黃門侍郎。			
處範，諸城丞。			
待舉，相高宗。			
泰方。	泰初。		
	潤，起居舍人。	納，陳留採訪使。	
		賁。	謨。

霸。	
	冏，監察御史。

華陰郭氏亦出自太原。漢有郭亭，亭曾孫光祿大夫廣智，廣智生馮翊太守孟儒，子孫自太原徙馮翊。後魏有同州司馬徽，徽弟進。

徽。		
榮，隋大將軍、蒲城公。	弘道，同州刺史、郜國公。	
福善，兵部侍郎。	敬君。	廣敬，左威衛大將軍。
	依仁，沁州刺史。	

進。			
履球，金州司倉參軍。			
昶，隋涼州法曹。			
通，美原尉。			
敬之字敬之，吉、渭、壽、綏、憲五州刺史。			
子琇。	子儀字子儀，相肅、代、德三宗。		
曄。	曜字曜，太子少保、太原孝公。		
	銳，嘉王府長史。	鋒，光祿少卿。	鏈。

錡，京兆倉曹參軍。				
璹，庶子。				珙，度支給納使、戶部尚書。
唐夫，汜水令。				景初，雙流令。
軫，檢校兵部尚書。	蘋，鳳翔少尹。	軺，太子率更令。	覓，虞鄉令。	

琮，濮州刺史。					
端夫，太原令。			堯夫，直羅令。	璠，成州刺史。	漢夫，鳳翔功曹參軍。
彥崇，上津令。	慶裕，新繁令。	肇，太原少尹。			

	瑑，檢校右僕射。	珮，通州刺史。			
巢潁，著作郎。					
			在徽，右千牛統軍。	在巖，三水令。	在徽，衛尉少卿。

封潁，簡州刺史。	栖潁，太子司議郎。	紳，右贊善大夫。	績，天興令。	緄，右金吾將軍。	總，尚輦奉御。

		旰，鴻臚卿同正。	晞，工部尚書。		
			鈞，工部侍郎。	鋼，監察御史。	鍊，太常丞。
			承嘏字復卿，刑部侍郎。		
紘，祕書丞。	繢，太子家令。				

								鉷。			
								鈥。			
								鏶。			
								鑲。			
							昢，試鴻臚卿。				
							晤字晤，兵部郎中。	鍮，櫟陽尉。			
								鋗，咸陽尉。			
								釬，試奉禮郎。			

鉦，京兆府功曹參軍。

鐈，京兆府戶曹參軍。

鍵，太僕寺主簿。

鐙，試殿中監。

鐇，萬年尉。

錟。

		曖，左散騎常侍、駙馬都尉。		
鋂，雲陽丞。	鎮，太子宮門丞。	鑄，左庶子。	釗，衛尉少卿。	
			仲文，祕書少監。	仲恭，殿中監、駙馬都尉。

仲詞，檢校殿中少監、駙馬都尉，襲太原郡公。

仲謙，衞尉少卿。

仲詡，通事舍人。

仲宣，河東令。

仲武，朗州刺史。

		曙，右金吾將軍、祁國公。	暎，右庶子、壽陽男。
鏦字利用，檢校戶部尙書、駙馬都尉。	銛，太子詹事。		
仲元，以外孫沈氏爲嗣。			

鋘，光祿卿。	鋋，太僕卿。	銓，武寧節度使。	銑，試太常主簿。	鍜，度支荆襄水陸運判官。

處嚴，龍門令。	處殷，易定節度副使。	處弘，方義令。	言揚，監察御史。	宗識，合肥令。	江，潮州刺史。

讜，丹州錄事參軍。	謙，同州司法參軍。	就，河中府戶曹參軍。	庠，度支安邑院官、檢校虞部郎中。

嗣立，富平令。	弘業，右金吾將軍。	元鐵，通事舍人。	行貫，著作郎。	涓，沔陽令。	知微，康州刺史。
					苗，生昭文，字子龍。

	子雲，左領軍將軍。	子晭，渭北節度使、檢校右僕射。	子瑛，延州司法參軍。	子珪。
			晛，試協律郎、晉陽男。	
仁寓，常熟令。				

幼賢，副都護。				幼儒字幼儒，成都少尹。
昉，試太子中舍。	曉，試左衛率府兵曹參軍。	旼，邠寧節度使。	暘，右庶子。	昕，協律郎。

	幼明，少府監、太原公。					
晅。	少煦，鴻臚少卿。	暉。	晠。	暭。	晊。	暄，河南丞。

			幼沖，太子詹事。		幼謙。
昕，檢校左僕射、磧西節度。譜云：子雲子。	晧，兼殿中侍御史。	晫。	暐。	晦。	

昌樂郭氏亦出自太原。後漢郭泰，字林宗，世居介休，司徒黃瓊辟太常，趙典舉有道，皆不應，世稱爲郭有道。裔孫居魏州昌樂。唐有濟州刺史善愛。

善愛。	元振，相睿宗。										
		鴻。									
		鵬，左驍衞將軍。	珹，兵部員外郎。								
		仲翔，代州司戶參軍。									

中山郭氏世居鼓城。唐有正一，相高宗。生忠，通事舍人。

郭氏宰相四人。待舉、子儀、元振、正一。

武氏出自姬姓。周平王少子生而有文在手曰「武」，遂以爲氏。漢有武臣，爲趙王。梁鄒孝侯臣，生德。德生東武亭侯最。最生敬襄侯嬰。嬰生中涓、濟陰侯山附，後以酎金國除。山附生陳留太守、內黃侯都。都生汝南太守宣，字文達。宣二子：尙、淳。淳字元海，司徒、左長史。生臨漳令靜，字伯濟。靜生烈，字文照。烈生光祿勳篤，字猗伯。篤生太常、中壘校尉悌，字周篤。悌生九江太守、臨潁侯端。端生魏侍中、南昌侯周，周三子：陔、韶、茂。陔字元夏，晉左僕射、薛定侯。陔生太山太守、嗣薛侯越。越生威遠將軍、嗣薛侯鋪。鋪生太子洗馬嘏。嘏生洛州長史、歸義侯念。念生平北將軍、五兵尙書晉陽公洽，別封大陵縣，賜田五十頃，因居之。生祭酒神龜。龜生本州大中正、司徒越王長史、襲壽陽公克己。己生北齊鎭遠將軍、襲壽陽公居常。常生後周永昌王諮議參軍儉。生華。

華，隋東都丞。	士稜，司農少卿、宣城公。	君雅。	敬眞，太子洗馬。								
			敬宗。								

沖字士讓，太廟令、楚僖王。					
懷亮。	守官字惟良，始州刺史、建安郡王。		懷道，右監門長史。		
	攸宜，冬官尚書。	攸緒，揚州長史。	攸暨，相中宗。		攸寧，相武后。
		若訥。	崇敏字正卿。	崇行。	文瑛。

	弘度字懷運,魏州刺史、九江郡王。					
				攸歸,九江王。	攸止,恆安王、司賓卿。	
荀瑛。	勝。				昕忠,鴻臚卿。	信忠,祕書監同正。
	充字虛受。			良臣,商州刺史。		
	典。	異。	愿。			

		士逸，始州刺史、鄭國節公。			
		志元，倉、庫部郎中。			
攸望，少府監、蔡公。		懿宗，河間王。		嗣宗，蒲州刺史、管公。	
	溫眘。	震，殿中監。	盒，試太子中允。	瑋。	瓌。
徹，洋州刺史。					

仁範，雲陽令、河間郡王。				
尚賓，河間王、益王府長史。	重規，高平王、禮部尚書。		載德，千牛大將軍、潁川武烈王。	
	成卿。	成藝。	甄字平一，考功員外郎、脩文館直學士。	
			集，梓州刺史。	備，殿中侍御史。

				敬。
就字廣成，潤州司馬。		登，江陰令。		
譚，金壇令。	元衡字伯蒼，相憲宗。	儒衡字庭碩，中書舍人。		
	翃黃字坤輿，大理卿。	鑄。	恍字希玄。	

			士驤，工部尚書、應國公。	
			元慶，宗正少卿。	安業，零陵令。
	三思，相武后、中宗。	再思，宮門郎、蔡王。	審思，申王。	求已，太子僕、少卿。
崇謙，光祿卿、梁公。	崇訓，高陽王、駙馬都尉。			
	繼植，左衞將軍。			

			元爽，虞部郎中、少府監。		
			承嗣，相武后。		
崇烈，新安王、尚乘奉御。	崇撝。	崇操。	延基，右羽林將軍。	延義，嗣魏王。	延安，光祿卿、邢公。

				延壽，衛尉少卿、燕公。		
				延光。		
				延秀，駙馬都尉、恆公。		
			承業，驍衛大將軍。	延暉，駙馬都尉、陳公。		惲。
						斌。
				延祚，光祿少卿、鄶公。		
				延嘉，祕書少監、莒公。		

武氏宰相五人。攸暨、攸寧、元衡、三思、承嗣。

騫氏出自孔子弟子閔損，字子騫，其孫文，以王父字命氏。後漢質帝時有騫宏，字弘伯，避地允吾，爲金城別駕，封金城侯，子孫因家焉。裔孫彊，晉將軍、平陽郡太守。二子：白、昊。白四世孫敬，字宗之，後魏奉朝請、金城郡守、尚書庫部郎中、征南將軍、金城侯、散騎常侍、和州刺史。一子威，裔孫行本，唐靈州都督長史。彊五世孫威。

威，後魏都州刺史、隰成公。		
直，華州長史。		
味道，相武后。		
愼金。	辭玉。	公胤。

騫氏宰相一人。味道。

沈氏出自姬姓。周文王第十子聃叔季，字子揖，食采於沈，汝南平輿沈亭，卽其地也，春秋魯成公八年爲晉所滅。沈子生逞，字循之，奔楚，遂爲沈氏。生嘉，嘉字惟良，二子：尹丙、尹戌。尹戌字仲達，奔楚隱於零山，爲楚左司馬。生諸梁，諸梁字子高，亦爲左司馬，食采於葉，號葉公。二子：尹射、尹文。尹射字脩文，爲楚令尹，旬日亡去，隱于華山。二子：尹朱、尹赤。尹赤字明僊，生郢。郢字文明，召爲丞相，不就，生平。平字俊之，封竹邑侯，生遂。遂字佐時，秦博士。生倧，字文甫，左庶長、竹邑侯，生遵。遵字伯吾，漢齊王太傅、敷德侯，徙居九江壽春。二子：盛、達。達字伯弘，驃騎將軍。生乾，字仲元，尙書令。生泓，泓字元良，南陽太守、彭城侯。生勗，勗字子衡，揚武校尉、鎭軍將軍。三子：嵩、奮、奉。奮字仲異，御史中丞。生格，格字仲悌，將作大匠。生謙，謙字文恭，御史中丞。生靖，靖字文光，濟陰太守，避王莽之難，隱居桐柏山。三子：勳、戎、臺。戎字威卿，後漢先祿勳，以九江從事降劇賊尹良，封爲海昏侯，辭不就，徙居會稽之烏程。靈帝分烏程爲永安縣，孫皓分吳郡爲吳興郡，晉改永安爲武康，卽爲郡人。戎生四子：酆、懿、齊、恭。酆字聖通，零陵太守。四子：滸、仲、高、景。景，河間相，生彥。彥裔孫君諒。

君諒，相武后。			超。	崧字文甫。

沈氏宰相一人。君諒。

蘇氏出自己姓。顓頊裔孫吳回爲重黎，生陸終。生樊，封於昆吾。昆吾之子封於蘇，其地鄴西蘇城是也。蘇忿生爲周司寇，世居河內，後徙武功杜陵，至漢代郡太守建，徙扶風平陵，封平陵侯。三子：嘉、武、賢。嘉，奉車都尉。六世孫南陽太守、中陵鄉侯純，字桓公。生章，字孺文，并州刺史。五世孫魏東平相、都亭剛侯則，字文師。四子：怡、愉、遁、援。愉字休豫，晉太常光祿大夫、尚書。七世孫彤。二子：雅、振。

振。	世長，諫議大夫。	良嗣，相高宗。	踐言，祕書監。	務寂，梓州刺史。
				務昇。

踐峻。		踐義。	踐節。
	彥伯，駙馬都尉。	務廉。	
震，駙馬都尉。			
			璮，太府卿。

魏都亭剛侯則第三子遁八世孫緯，周度支尚書、邳公。生威。

威，隋左僕射、房公。	
夔，隋鴻臚少卿。	
昜，吏部侍郎、駙馬都尉。	
均，虞州刺史。	幹，工部尚書。
儁。	獻，駕部郎中。

	亶，台州刺史。							
昱，濟州刺史。	瓌字廷碩〔二〕，相中宗、睿宗。							
	頲，相玄宗。							冰。
	譱。							
	易，黃州刺史。							
	繫，滁州刺史。							
	贄字廷卿。							
	虔字執儀，國子司業。							
	震，河南尹。							
	敦。	發。	敎。	徹。	墩。	政。	儼。	

						璪，廣州都督。
詵，給事中、魏縣男。	乂，京兆少尹。		頲。		顏，淮安太守。	烱。
	復。	妙，泉州刺史。	盈，嘉王傅。	炎。	寬。	
奕，光州刺史。						
益。						

	季子。	
	澄，沁州刺史。	
	縮，工部郎中。	紘。
鏈，驍衛將軍。		

趙郡蘇氏出自漢并州刺史章之後，因官居趙州。

味道，相武后。		
佃，膳部員外郎。	份。	倜，兗州刺史。

	倇，職方員外郎。		
味玄，膳部員外郎。	僐。	汭。	
		淮。	
		湯，郴州刺史。	

又有武功蘇氏。

滔。	蒙。	檢字聖用，相昭宗。	

蘇氏宰相五人。良嗣、瓌、頲、味道、檢。

范氏出自祁姓，帝堯裔孫劉累之後。在周爲唐杜氏，周宣王滅杜，杜伯之子隰叔奔晉爲士師，曾孫士會，食采於范，其地濮州范縣也，子孫遂爲范氏。至後漢博士滂，世居河內。唐有履冰。

履冰，相武后。	冬芬，宣州刺史。									履冰裔孫隋，隴水丞。

范氏宰相一人。履冰。

邢氏出自姬姓。周公第四子封於邢，後爲衞所滅，子孫以國爲氏。世居滁州全椒。唐有內史文偉，相武后。

邢氏宰相一人。文偉。

傅氏出自姬姓。黄帝裔孫大由封於傅邑，因以爲氏。商時虞、虢之界，有傅氏居于巖傍，號爲傅巖。盤庚得說於此，命以爲相。裔孫漢義陽侯介子始居北地。曾孫長復，封義陽侯。生章，章生叡，叡生後漢弘農太守允，字固。二子：嘏、松。嘏字蘭石，魏尚書僕射、陽都元侯。十一世孫弈，唐中散大夫、太史令、泥陽縣男。北齊有行臺僕射傅伏武，孫文傑，唐杞王府典軍。

清河傅氏出自後漢漢陽太守壯節侯燮，字南容。生幹，字彥林，魏扶風太守。生晉司隸校尉、鶉觚剛侯玄，字休弈，生司隸校尉、貞侯咸，子孫自北地徙清河。裔孫仕後魏爲南陽太守，生交益。

交益，殿中侍御史。	元淑，地官侍郎、冬官尚書。	伯玉。							

		黃中，司勳郎中。
	依仁。	延嗣，侍御史。
	遊藝，相武后。	

傅氏宰相一人。遊藝。

史氏出自周太史佚之後，子孫以官爲氏。漢有魯國史恭。三子：高、曾、玄。高，大司馬、樂陵安侯。二子：術、丹。丹，左將軍、武陽傾侯。孫均，均子崇，自杜陵受封溧陽侯，遂爲郡人。崇裔孫宋樂鄉令瓌。

瓌。	
務滋，相武后。	
惟肖，清河令。	
	翽，御史大夫。

史氏宰相一人。務滋。

宗氏出自子姓。宋襄公母弟敖仕晉，孫伯宗為三卿所殺，子州犂奔楚，食采於鍾離。州犂少子連，家於南陽，以王父字為氏，世居河東。

明，隋司隸刺史。
岌，魏王府記室、巴西主簿。
秦客，相武后。

楚客字叔敖，相武后、中宗。	晉卿，司農卿。	鄭卿。

宗氏宰相二人。秦客、楚客。

格氏出自允格之後。漢有御史班，裔孫顯。

顯，後魏青州刺史。
德仁，隋剡丞。

處仁。		
希玄，洛州司法參軍。	輔元，相武后。	
	遵，殿中侍御史。	逵。

格氏宰相一人。輔元。

校勘記

〔一〕宰相十四人　按上表，鄖公房尚有安石相武后、中宗、睿宗，小逍遙公房尚有承慶相武后，與本書及舊書則天中宗睿宗紀、韋安石傳、韋承慶傳相合，此處漏計。

〔二〕瓌字廷碩　本書卷一二五及舊書卷八八蘇瓌傳、文苑英華卷八八三蘇瓌神道碑俱云「瓌字昌容」。又按本書卷一二五蘇頲傳，「廷碩」乃瓌子頲之字。此疑舛錯。

唐書卷七十四下

表第十四下

宰相世系四下

歐陽氏出自姒姓。夏少康庶子封于會稽，至越王無彊爲楚所滅，無彊子蹄更封於烏程歐餘山之陽，爲歐陽亭侯，遂以爲氏。後有爲涿郡太守，子孫或居渤海。晉頓丘太守建爲趙王所殺，兄子質，字純之，居長沙臨湘。七世族孫景達，字敬遠，齊本州治中。生荔浦令僧寶，字士章。僧寶生梁陽山穆公頠，字靖世。頠二子：紇、約。

紇字奉聖，詢字少信，長卿。		
廣州刺史。率更令、渤	海縣男。	

肅。	倫。	通字通師，相武后。					
顗。		幼明字仲廉。					
		昶字子愿，渤海子。					
		璟字崇文，侯官令。	琮，吉州刺史。				
			琮八世孫萬，安福令。				
			雅字正言。				
			劾字德用，韶陽簿。				遠。
			謨。	託字達明。			鉉。
			鄴。	鄠。	郴。	邦。	

						約。		
			亮。	德。	器。	胤，光州刺史、南海郡公。		
						諶，鞏令。		
		幼讓。				禎。		禨，什邡令。
								琟字琟，商州刺史。
						何。	價。	嵩。
楚。								
	成。							
鄂。								

崙。

峯。

歐陽氏宰相一人。通。

狄氏出自姬姓。周成王母弟孝伯封於狄城，因以爲氏。孔子弟子狄黑裔孫漢博士山，世居天水。後秦樂平侯伯支裔孫恭，居太原，生湛，東魏帳內正都督、臨邑子。孫孝緒。

孝緒，尚書左丞、臨潁男。

知儉，江陰令。

知本，營州司馬。

仁珪。

仁權。

	知遜，越州刺史。	仁傑字懷英，相武后。	光嗣，戶部郎中。		博通。	玄範。					
			光遠，州司馬。								
			光昭字子亮，職方員外郎。								
		仁貞。									
		仁節。									
		仁恪。									
		仁矩。									

狄氏宰相一人。仁傑。

袁氏出自嬀姓。陳胡公滿生申公犀侯，犀侯生靖伯庚，庚生季子惛，惛生仲牛甫，甫生聖伯順，順生伯他父，他父生戴伯，戴伯生鄭叔，鄭叔生仲爾金父，金父生莊伯，莊伯生諸，字伯爰，孫宣仲濤塗，賜邑陽夏，以王父字爲氏。宣仲生選，選生聲子突，突生惠子雅，雅生頗，奔鄭。秦末，裔孫告辟難居于河、洛之間，少子政，以袁爲氏。九世孫袁生生玄。孫幹，封貴鄉侯，復居陳郡陽夏。八世孫良，二子：昌、璋。昌，成武令，生漢司徒安，字邵公。三子：賞、京、敞。京，蜀郡太守，二子：彭、湯。湯字仲河，太尉、安國康侯。三子：成、逢、隗。成，左中郎，生紹，紹中子熙，其後世居樂陵東光。熙裔孫令喜。

令喜，同州持中。	異弘，瀘州參軍。	恕己，相中宗。	建康，淮陽太守。	高，給事中。							
	異度，太府少卿。										

	異式，戶部郎中。		倜，工部員外郎。	師儉。
			偁。	

璋生司徒滂，字公熙。滂生渙，字曜卿，魏御史大夫。四子：侃、寓、奧、準。準字孝尼，晉給事中。生沖，字景玄，光祿勳。生眈，字彥道，歷陽太守。眈生質，字道和，東陽太守。二子：湛、豹。豹字士蔚，丹楊尹。二子：洵、湛。洵，宋吳郡太守，謚曰貞。二子：顗、覬。顗字國章，宋雍州都督。二子：戢、昂。

昂字千里，梁司空、穆正公。	君正字世忠，吳郡太守。	憲字憲章，隋開府儀同三司，謚曰簡。	承序，晉王友、弘文館學士。
			承家，隋給事中。

頲，後周驃騎大將軍。				
子溫字君恪，隋左衞大將軍。				
士政，南州刺史。				
倫，當陽令。				
知玄，石州司馬。				
暈，咸寧令。				
滋字德深，相憲宗。				
炯，江陵戶曹參軍。	寔，河中功曹參軍。	均，太子典膳郎。	都字之美，右拾遺。	郊字之乾，虢州刺史。

	敬字子恭，陳特進，謚曰靖德。			
樞字踐言，陳僕射，謚曰簡懿。	元友，隋內史舍人。			
朗，給軍中、汝南男。	利貞，祠部員外郎。			
	斌，太子典膳丞。			
誼，蘇州刺史。	導，左補闕內供奉。			
	光裔，揚府別駕。	光輔，泗州刺史。		
	弘休，亳州司戶參軍。	昌復，宋城主簿。	敦復，采石軍判官。	
		匡符，合州刺史。	蕃，桂管觀察支使。	藹，黔令。

泌，陳兼侍中，謚曰質。

方華。

蔚，淮南節度副使。

薰。

河東袁氏本出陳郡。

智弘，相高宗。

瀞，兼御史中丞。

袁氏宰相三人。恕己、滋、智弘。

姚姓，虞舜生於姚墟，因以爲姓。陳胡公裔孫敬仲仕齊爲田氏，其後居魯，至田豐，王莽封爲代睦侯，以奉舜後。子恢避莽亂，過江居吳郡，改姓爲媯。五世孫敷，復改姓姚，居吳興武康。敷生信，吳選曹尚書。八世孫僧垣，隋開府儀同三司、北隆公。二子：察、最。

察，隋太子內舍人，襲公。	思廉，左散騎常侍、修文館學士、豐城康男。	憕字處平，豫州司戶參軍。	璹字令璋，相武后。	昌演，諫議大夫。		
				昌沛。		
			珽，戶部尙書。	昌原。	體權。	
				昌潤，宣州刺史。	循棣。	殷覲。

			惲，符寶郎，襲豐城公。			
			敬文。			
	昌溫。	昌濟。	行表，郢王府司馬。			
喬栵，將作少監。	齊梧，左金吾大將軍。		崇桂，太子司議郎。			
			希齊，湖州司功參軍。			
			弘慶字引之，蘇州刺史。			
			玉斧。	孟瑜。	畹，泗州參軍。	疇。

最，蜀王友。
思聰，左庶子。
愼盈，壽州刺史。
疄。
績，曲沃令。
玄，宋城令。
發，右領軍衛將軍。
南仲，右僕射。
衮，太僕寺主簿。
亮。

陝郡姚氏亦出自武康。梁有征東將軍吳興郡公宣業，生安仁，隋汾州刺史。生祥。

祥，隋懷州長史，檢校函谷都尉。
懿字善意，嶲州都督、文獻公。
元景，潭州刺史。
孝孫，壺關令。

元之名崇，相武后、中睿、玄。				
彝，鄧、海二州刺史。				
閫，越州長史。		闐，郫令。		
係，門下典儀。	俟，太常寺太祝。	倍，須山令。	倫，揚州大都督府倉曹參軍。	俎。

						异，大理卿。
闉，貴鄉令。			閱，太子司議郎。	闢，河南丞。		閎，左拾遺。
侑，黃梅令。		伾。		俌，涇主簿。	偕，監察御史。	怦，寶應令。
承宗。	珙，霍山令。			勗，諫議大夫。	烈，殿中侍御史內供奉。	丹，陸渾令。
						增，滎陽令。

				浼，楚丘令。	溫，尉氏令。
均，金華令。	蘊，大理司直。				
	頲，浙西館驛巡官。	圭，南昌主簿。	進。		

				閈。	
悟，襄王傅。	憺，淮寧節度押衙，攝鄧州刺史。	惇，朝城令。	惕，華原令。	恬。	憕。

	弈字弈，永陽郡太守。				
閥，洛州參軍。	闠，侍御史。				
	恆，都水少監。	愷。	協，松陽令。	愐，右監門率府兵曹參軍。	忱，恆王府主簿。

	元素，宗正少卿。			
	弇，楚州長史。		馮，通事舍人。	
	閑，潤州司戶參軍。	闓，睢陽太守、右金吾將軍。	闇，餘干丞。	論，豫州司戶參軍。
憚，左千牛衞兵曹參軍。				

算，隝陵令。

閈，臨河令。

合，祕書監。

姚氏宰相二人。璹、元之。

婁氏出自姒姓。夏少康裔孫東樓公封於杞，爲楚所滅，子孫食邑於婁，因以爲氏，城陽諸縣有婁鄉是也。

師德，相武后。

思穎，介休令。

志學，千乘令。

圖南。

婁氏宰相一人。師德。

豆盧氏本姓慕容氏。燕主廆弟西平王運生尚書令臨澤敬侯制，制生右衛將軍北地愍王精，降後魏，北人謂歸義爲「豆盧」，因賜以爲氏，居昌黎棘城。二子：醜、勝。

醜。		
萇。		
永恩。		
通。		
寬，禮部尚書、芮定公。		
承業，領軍將軍。		
欽望，相武后、中宗。	欽爽，光祿少卿。	
靈昭，宣州刺史。		
器，桑泉令。	參，右衛將軍。	回，京兆少尹。
鶚。		
署字正名，河南少尹，中牟縣男。生者，修武主簿；求，虔州參軍。		

					勝。
					魯元，後魏太保、襄城公。
					達，殿中監、靈壽公。
			懷讓。	方則。	仁宗。
		欽肅。	貞松，宗正卿、中山公。	玄儼。	
			光祚。	至靜。	
友，萬年令。			建，駙馬都尉。		
	籍，左司郎中兼侍御史知雜事。				

	陸渾。	
	祥。	
子騫，監察御史。	讓。	順。
		靜。
	挹。	
	鄭麟。	

豆盧氏宰相一人。欽望。

周氏出自姬姓。黃帝裔孫后稷，后稷封於邰，其地扶風斄鄉是也。后稷子不窋失其官，竄於西戎，曾孫慶節，立國於豳，其地新平漆縣東北有豳亭是也。七世孫古公亶父，爲狄所逼，徙居岐下之周原，改國號曰周，其地扶風美陽南是也。武王克商，十一世平王遷都王城，河南縣是也。平王少子烈，食采汝墳。烈生懋，懋生文，文生昇，昇生興，興生晏，晏生安，安生弘，弘生明，明生隱，隱生壽，壽生容，容生休，休生雄，雄生暉，暉生寬，寬生員，員生成，成生邕。秦滅周，幷其地，遂爲汝南著姓。生秀，秀生仁，字季房。漢興，續周之嗣，復封爲汝墳侯，賜號正公。以汝墳下濕，徙于安成。十子，長曰球，執金吾，生平陵令應。應生郎中、孝廉道，道生五官中郎約，約生決曹掾燕，燕裔孫表。

表，梁義、衡二州刺史，襲蓬陵侯。	靈超，梁桂州刺史、褒城侯。
才卿，隋德、延二州刺史、永城敬侯。	法僧。
懷義，太子右宗衛率。	孝節，嘉州刺史。
基字崇業，常州長史。	鳳。
允元，相武后。	
	應。
	克構，房州刺史。
	溥。 灌字用玉。

永安周氏亦出自決曹掾燕。九世孫防，防十三世孫靈超。其先避西晉之亂，南徙居永安黃岡。

			法尙，隋起部尙書、譙僖公。		
			紹嗣。	紹範，左屯衛大將軍、譙敬公。	
		鴻。		道務，左驍衛將軍、駙馬都尉、譙襄公。	
		譒，給事中。		伯瑜，楚州刺史。	勵言字仲玉，少府少監、汝南恭男。
				擇從，宣州刺史。	先義，左金吾將軍。
				萬。	
滌。	儉。				

	昃字法明，黃州總管、道國公。			
	惲，梁令。			
	沛，左拾遺。			
先孝，左羽林軍長上。	頲，左驍衛兵曹參軍。			
	墀字德升，相宣宗。			
	寬饒，崇文館校書郎。	咸喜，京兆府參軍。	承規字遐慶。	承矩字後慶。
				泳字應祥。

周氏宰相二人。允元、墀。

吉氏出自姞姓。黃帝裔孫伯儵封於南燕，賜姓曰姞，其地東郡燕縣是也，後改爲吉。

哲，易州刺史。	
頊，相武后。	琚，鄂令。
渾，司勳郎中。	溫，武、禮二部侍郎。

吉氏宰相一人。頊。

顧氏出自己姓。顧伯，夏商侯國也，子孫以國爲氏，初居會稽。吳丞相雍孫榮，晉司空。雍弟徽，侍中，又居鹽官。徽十世孫越，陳黃門侍郎，孫胤。

胤，著作郎、	琮，相武后。	潤，祕書郎。
餘杭公。		
		浚，齊安太守。

顧氏宰相一人。琮。

朱氏出自曹姓。顓頊之後有六終，產六子，其第五子曰安。周武王克商，封安苗裔俠於邾，附庸于魯，其地魯國鄒縣是也。自安至儀父十二世，始見春秋。齊桓行霸，儀父附從，進爵稱子，桓公以下，春秋後八世而爲楚所滅，故子孫去「邑」爲朱氏，世居沛國相縣。前漢大司馬長史詡生浮，字公叔，大司馬、大司空、新息侯。生下邳太守永，永九世孫吏部尚書尙，尙生質，司徒。質二子：禹、卓。禹，司隸校尉、青州刺史，坐黨錮誅，子孫避難丹楊，丹楊朱氏之祖也。卓生扶風太守穊，穊生上洛太守越，越字元勝。越八世孫丞相行參軍詢。二子濟，濟生沖，沖生威則，散騎常侍、給事中。生騰，字龍懷，陳郡太守。三子：憲、斌、綽。

綽字祖明，西陽太守。二子：齡石、超石。騰裔孫建，後周太子洗馬。生僧寧，隋睢陽太守。生操。

操，上開府。						
仁軌字德容，孝友先生、太子洗馬。						
景，右衛率府兵曹參軍。						
守乾，衛尉丞。	守瓌，金吾衛大將軍。					
子羔。	子詵。	子轉，沂州參軍。				
		重愔。				
		伸。				
		元。	播時。			
			渙。	會。		
				堅。	潛。	言。

								列。	訓。	澹。	
										龜從。	
										牢。	
						修。	彥時。	亞。	修己。		
									綰。		
									亶。	阮。	
										迎。	
										光序。	
									巖。		
								餘。	常。	歸道。	
										濬。	
										鶴。	

										倜。
						齊時。	康時。	佐時。	厚時。	
薰。										
從。	巳治，九門令。	可芝，右門主簿。	貞。							
			危。	延龜。	延詡。					

				重寬。	重邦。	重誨。					
倆。					公弁。	少伯。	志宏。				
立少。	恆生。	素文。	珂。				惠。	幹。	瑄。	玠。	
							瓊。	整。	圖。	頊。	
								芝。		悛。	正奇。

					暈。		杲，楚州錄事參軍。		徽，洹水令。
					守言，海州文學。	守信。	守訥。	守瓊，國子監明經。	守讓。
				子欽。		子華。	子路。	子岳。	子興。
		志方。	志才。						
瞻。	晛。								

			守謙，零陵尉。	子昇，崇仁尉。	郢。	殷衡。					
						毅衡。					
						季。	戡。	討。			
							液。	部。	受。		
								朏。			
								郅。			
								才。	琳。	應。	
						存。	岸。				
							頌。	翾。			
							賚。				
			守璡。	子恂，睦州錄事參軍。	元詳。						

		玘瑨，著作郎、太子典膳郎。							
		昊，鄭州錄事參軍。					旻，恆王府參軍。		
		守質，明州錄事參軍。				守泰。	守璿。	守臣。	
	子金。	子琪。		子貢。	子璋。	子良。		子隱。	子輿。
道秀。		昭。	演。						
			烈。						
			耀。						
			隨。						

				敬則，相武后。				
	暹，奉禮郎。		旦。	光迪，靈州別駕。				
守登。	守瑕。	守顏。		守溫，洛陽令。	守同，堂陽令。			
					泳，靈州司馬。	澈，高平令。	渙。	
					省。		重熙。	
					躬。		詠，良鄉令。	
					璠。		輔。	
							積。	
							賓。	
							降。	璉。

碓，湖陽令。

頎，河南主簿，生冕、祐。冕生見昌。

頋。

頊。

勳。

底。

敏。

姚。

蕚。

剋。

駢。

驎。

										曠，上庸令。	
										廷般。	
									庠。		
									廓。		
							翼。	佐。			
								償。	令廼。		
									令希。		
								仲。	咸。	皋。	
										璟。	
										迴。	密，工部郎中。

欒，大理評事。	岳，工部尚書。	存古，穀熟令，生頴、華、坤。頴，漣水令，生慶，徐州戶曹參軍。慶生景豐，洛州別駕。景

	規。	
豐生仁濟、仁祚、仁愿。華，楚州錄事參軍，生閱，殿中侍御史。閱生廩，祕書監，生洞。	知用。	知柔生濤，濤生選益。

			奉新。							
			恆春。					光啓，戶部尚書。		
		少京。	少昌。	嶠。				衍。	僎。	傳。
均。	表。	琮。				仁範，春秋博士。	自新。	仁誨。		
					瑋。	丕。				

							恆觀。				
					重胤。						
					重魄。						
					重制。	緒。					
						筠。					
						紹。					
						可南。	賓。				
							諫。				
							周。	韜。	輔。		
									弼。		
					重馴。	思。	得一。	忠。	璨。	少連。	
										幼。	知彦，生
											絢。

	守和，奉禮郎。	守滔。
		涔，殿中監。
知虔，生義溪。		

朱氏宰相一人。敬則。

唐氏出自祁姓。帝堯初封唐侯，其地中山唐縣是也。舜封堯子丹朱爲唐侯，至夏時，丹朱裔孫劉累遷于魯縣，累孫猶守故地，至商，更號豕韋氏，周復改爲唐公。成王滅唐，以封弟叔虞，其後更封劉累裔孫在魯縣者爲唐侯，以奉堯嗣，其地唐州方城是也。魯定公五年，楚滅唐，子孫以國爲氏，分仕晉、楚。有唐雎，爲魏大夫。孫厲，居沛國，漢封斥丘懿侯。生朝，朝生賢，賢生遵，遵生蒙，中郎將。生臨邛令都，都生倫，倫生林。林，尚書令，王莽封建德侯。生蔚，國除，徙居潁川。生武威長惠，惠生侍御史賁，賁生大司空珍，珍生會稽太守瑁，瑁生翔，爲丹楊太守，因家焉。二子：固、滂。固，吳尚書僕射。生別部司馬瓊，瓊生宣，宣生晉鎮西校尉上庸襄侯彬，字儒宗。二子：熙、極。熙，太常丞，娶涼州刺史張軌女，永嘉末，遂居涼州。生輝，字子產，仕前涼陵江將軍，徙居晉昌。七子：伯廉、威、季賢、幼賢、孝、達、季禮。威爲永世令，生弘。三子：瑤、偕、諮，號「三祖」。

弘字友明，西涼武興太守。	
瑤字昌仁，西涼晉昌太守、永興侯。	
契字永福，伊吾王。	
褒字玄達，後魏華州刺史、晉昌公。	
茂字興，散騎常侍、秦州刺史。	
文祖，散騎常侍、大夏郡守。	翼字保相，後魏涼州守。
廣貴，諫議大夫。	毅字仲卿，後周驃騎將軍、洪和公。
懷義，儀同三司、賓部大夫。	世達，光州守，襲洪和公。
孝舉。	秀實，成州司馬，襲洪和公。
	行敏，相州別駕、將陵縣公。
	伏郎，襲將陵公。
	紹宗。

					文安。	文舉，隋右千牛。		文豪。
	行表。	行立。	行基。			行端。	行直。	
			尚演，漢州司馬。	尚愔，亳州司法參軍。				
紹圖。			萬頃。	萬鈞。				

文度，鄆州刺史、尋陽縣男。	文壽，雍令。				
處一，南浦令。	藝臣，雲中兵曹參軍。	仁儉，左翊衛兵曹參軍。	懷一。	固儉。	劍客。
同泰，邛州刺史。					

文表，	文邃，隋國子博士。	文寂。	文感。		
			婆伽。	思孝，左翊衛兵曹參軍。	元一，衛州司法參軍。

			濟，潁川郡守、陽夏縣公。	
玄通，遂州司馬、陽夏縣男。	玄都。	玄德，隋親衞。	玄成。	
孝約，瀛州參軍，襲陽夏縣男。		義寔。		思忠，左翊衞。

世徹，後周鄭州刺史、五原郡公。				世榮，後周武始郡將。			
朝政，隋蔚府郎將。	禮政。	修政。	弘政。	文哲，隋右衞兵曹參軍。	文律。	文廓。	文儼。
行滿。				孝讓。			

	世寵。	世雅，隋右衛長史。					
文毓，臨城令。		文協。	文琮，東宮勳衛。	文會，魏令。			
				固本。	守一。	抱一。	敬。

世恭，隋左監門將。			世慎，隋沁州別駕、魏平縣男。		世昊。	
文獎，韓州別駕、貴平縣男。			乾蓋，博野令。	乾肅。	文褒。	
善行，光州錄事。	善言。	善見。	希一，霍王府戶曹參軍。		孝贇。	孝寔。

								文襲。			
						詮字叔卿，後魏大夏郡守。	仕遵，隋監門直長。	文才。			
								文軌，隋五泉府別將。			
								文實。			
								文智。			
						延澄，開府儀同三司。					

雄字休彥，和州郡守、安陽公。				
紹伯，隋朔州總管。	楷字子武，左勳衞將軍。		師，隋左勳衞將軍。	
	萬壽，純德府果毅。	白澤。	太素。	太力。

		旭字保光，後周瓜州刺史。		
具貴，後魏大都督、車騎將軍。		仲璨，秦州守、安樂公。		
世儁。	世珍。	遐顯，隋邪亳二州守、安樂公。		
		禕。	奉義，靈州總管。	惲，雍州參軍。

仕超，隋雍州司馬、上庸公。				仕琰，隋車騎將軍、棘道縣侯。
修文，清流令。	奉禮，蒲州錄事參軍。	崇德。	行實。	孝感，建節尉。

								孝睦。			
					保建，後周綏夏二州守、姑臧公。	伯裕，宜城郡守。	愍字懷遠，隋宜陽令。	儼。			
						伯華，北齊徐州長史。	德宗，隋領勳衛都督、建節尉。	智節。			
								智堯。			
							德俊。	智英。			
								智寂。			
								智深。			

智亮。

詢明，隋新州守。

君謩，秦王府虞侯總管。

振。

寔。

日輪。

羲和。

晟字遵明，隋普濟府鷹揚郎將。

世辯。

世才。

世進，懷舊府別將、龍支縣男。					
玄靜。	玄默。	玄道，清水令。			
		珽。	珪。	瑗，宕州錄事參軍。	玠。
				國昌。	

					純字玄粹，後魏大原太守。	
					令世。	
					靈芝，北齊尚書令。右僕射、溫國公。	
					邕，尚書	
	石師。	小師，上騎都尉。			義字君明，隋應州刺史、安富公。	
		和者。	無竭。	文教。	茂倫。	茂言，朝請大夫。
璿，淄川尉。						嗣宗。
淄川。						

鑒，隋雍州太守、晉昌公。				
憲字茂彝，雲麾將軍、安富縣公。		茂純，右勳衞將軍。	茂琅。	
思睿，左千牛。	思廉，趙王府典軍。	節廉，邢州府左果毅。		

儉字茂約，禮部尚書、特進、莒國公。					
松齡，太常卿。	蒙，臨涇府折衝。		同人，司農少卿。		嘉會，洋州刺史。
	循，奉膳大夫。	睦。	踐貞，揚州都督府參軍。	元珍。	從心，殿中監。
					昕，鴻臚卿。

			簡心，洛州司錄參軍。		啓心，綿州刺史。	
晙，太常少卿。	晦。	晞。	昭，河南尹。	曜，寧王府別駕。	暉。	晤。

	善識，駙馬都尉。	觀字黃若，祕書監。		波若，趙州司馬。	授衣，汝州司馬。
	見日。	建初。	建亭。	趯。	恕，扶溝丞。
暄，義王府戶曹參軍。					

				敏字季卿，延、濮、青、汴、邠等州刺史。		
				守臣，舒王府記室。		
志。	愿。	懿。	俶。	玘。	璡。	琰。
						暖，通事舍人。

				爭臣。		
瑊，郢、陵二州刺史。	瑜。	瑾。	南金。	玄表，左衛大將軍。		
				思齊，長汀丞。	思悅，澧州刺史。	思貞，集州刺史。

			和，後魏兗州刺史。			
			欽字眞孟，陝州守，襲酒泉公。			
			歡，龍驤將軍。			
			二畋，後周安東太守。			
			規，雲州守、酒泉公。			
			世宗，隋洛陽令。			
			壽，折衝都尉。			
			休琰，茂州都督。			
奉先。	思哲。		思莊，鶉觚令。			玄逸，魯王府參軍。
		誨。	詒。	思一。	思鑒，成都府兵曹參軍。	思亶，藍田丞。

	諱，咸陽令。	儉，霍王府友。				
	休璟，相中宗。	表顗，樂陵令。				
先擇，右金吾將軍。	先睿，陳州刺史。	渙，鳳州司馬。		去俗，南鄭丞。	釋之。	遊方。
暠。	履潔。		季鷹。	籯金。		

昣，太常博士。					
正心，邵州刺史。					
潁。	履直，太原府司錄參軍。	脩孝，南鄭尉。	脩忠，福州別駕。		
				昪，亳州刺史。	旻，汾州刺史。

			諮字守仁，後魏晉昌太守。		
			揣字子化，北海太守、晉昌公。		
			儼字整之，東海太守。		
			輪字文轉，青州太守。		
			永，後周儀同三司、平壽忠武公。		
			陵字子雲，儀同三司，襲平壽達公。		
			怡字君長，內史大夫、漢陽公。		
			譽字承休，殷州太守，襲漢陽公。		
			有道字立仁，太僕卿。		
會，大理評事。		翕。	璿字溫忠，安養令。	璲字溫禮，左屯衞郎將。	
公羽。	公重。		成構。	延構，黃岡令。	承構。

				懿字君德,隋、相二州刺史。		
			鑒字承明。	傑字志文,安鄉令。		
		有方。		貞亮字固言,巴、隆二州參軍。		
				嗣本。	嗣華,嘉興令。	嗣宗。
克構。	履構,宗成尉。					同芳。

	貞松字固本，沂水令。					
嗣之，武連丞。	昭華，亳州司倉參軍。			昭德，洹水令。		昭訓，澧陽尉。
	震。	漸。	復。	咸。	賁。	豐。

	昭忠，望都主簿。	濟。
	昭明，益都令。	堯卿。
		喬卿。
貞筠字固節，博州參軍。		
貞賓字固行，上縣令。	昭容，遂州司馬。	渙。
		渥。

			爽字志明，相州別駕。		
			貞操字守直，隆山令。		貞泰，祠部員外郎。
昭獻，犀浦尉。	昭望，千乘尉。	昭彥。	踐正，胙令。	履冰。	越客，滎澤尉。

貞敏字 守訥，唐 隆令。						貞節。	貞觀字 守禮，霍 邑令。
曉，司勳 郎中。		晦，吏部常選。	昭。	暄。	昕。		瓌，嚴道 丞。
求吉。	令言。						

	英。	師字志範。			
		貞廉字守潔。		貞行字守信，九門令。	
璀。		邏字君邁，太子中舍。	昱，上邽令。	鬲，臨海令。	晏，魏州參軍。

	防，工部員外郎。			
	君侯。	貞儀。	貞休，鄜州刺史。	
			詡，唐州司倉參軍。	誠。
晃，桂州參軍。				次字文編，中書舍人。
				扶字雲翔，福建團練使。生嶠，字仲申。

嵩字贊休。

持字德守，容管經略、朔方昭義節度使，檢校戶部尚書。生彥謙，字茂業，河中興元節度副使，晉、絳、閬、壁

					遜字志順，簡州刺史。
				諲，國子監丞。	
	歡。	款字嘉言，侍御史。	欣。	戩，韶州刺史。	
四州刺史，號鹿門先生。生渙。		技字己有，刑部郎中。			

瓘字子璦，後周開府儀同三司、臨淄文獻公。			
詮，車騎大將軍，襄臨淄公。		諒字君直。	則字君憲，太常少卿、項城伯。
大智，崇賢館學士，襄臨淄公。			推賢字尚直，殿中丞。
敬與。	知正。		
文徵，			

讓德字思忠。後己，宋城令。	思雅。	思元。	歆字無寶藏。擇，岐州參軍。	感行。	弘字君簡字本拖一字寡悔。裕，職方侍郎。元，河南令。玄珍。

皎字本明，尙書左丞、益州長史。	炎。		
如珪字令問，祕書郎。		抱素字儒珍，靈丘尉。	抱璞字楚珍，雍丘令。
成宗。			愭。

如玉字倩。 令德，河南府兵曹參軍。	偉。	偲。	不占字灝金。 思義，金部員外郎。	南金。	緘金。

之奇字知子，給事中。		之武字知言，懷集令。	不佞字思直，考城令。	
系。	悰。	惇。	訓字辟金，陽安尉。	渾金，隰州司戶參軍。
			國華。	

果。

繁。

遺孝字幼忠，汴州倉曹參軍。

嚴字本親，記室。

臨字本德，雍州長史、工刑兵禮戶吏六尚書。

旦字曉明，太子中舍。

晃字正明，晉州長史。			景字廣明，河南府士曹參軍。	
黔。	默。	點。	紹字遵業，給事中。	
			朝徹，幷府參軍。	宣慈，右武衛將軍。

		濬字君贖，駕部郎中。				
	亨字本貞。	離題。	季友。	季札。	長仁。	叔慈。
昇字高明，邢州司功參軍。						

義謙字眘微，合州參軍。奉仁，百泉令。	義友，絳州長史。				
	言思。	進思，樂蟠令。			
		邕，左勳衛府功曹參軍。	穆字衷良，通化令。		
			重昌。	重潤。	重曜。

	敬字叓鯁，將軍。	悌。	諿字叓潔。	竦字叓朝，坊州錄事。	慎字叓和。	
望見。					重華。	入進。

	虔字衷 騫。	愔。
重弼字同節，翊府中郎。		

唐氏宰相一人。休璟。